天下文化
BELIEVE IN READING

BGB 520 社會人文

為愛重生

小愛爸爸 謝國樑——著

目錄

第二部 學會同理心的中年大叔
——愛與信仰讓我進入新境界

第三部 逆風前行，為下一代找方向
——因為基隆是充滿愛與幸福的城市

前言

大家好，我是小愛爸爸

很多年輕人認識我，是因為「小愛爸爸」。

的確，我今年四十五歲，在人生的路途上，我算是一個幸運的人。在人生的上半場，多半是順風而走，在求學、工作、愛情或從政的路上，就是全力往前進，沒有太多顧慮。

但是，女兒小愛的出生改變了我。因為小愛，我看見了世界的更多面向，也更能同理更多人的無奈與困難。我曾說過：「我人生的後半段就是要給小愛的，為了她，我才有動力繼續活下去。」

也因為小愛，才讓我真正體會到：外在虛名和短暫成就都是浮雲；在神的面前順服、謙卑，為眾人奉獻，才得以感受踏實的滿足。

真正的「愛」與「幸福」才是人生中最重要的事。

也因此，我想和大家分享，因為小愛，我是如何「為愛重生」……。

第一部　精采斜槓的人生上半場

——從基隆一路闖進好萊塢

1

愛的滋養，來自故鄉

因為小愛聽力損失的問題，我曾經考慮過要不要在台北定居。但想了又想，最後還是選擇讓小愛在基隆生活成長。為什麼呢？因為對我來說，基隆是一個有愛的城市，她獨有的人情文化與城市風光，絕對不是其他城市能夠取代。

在小愛還很小的時候，有一段時間她必須頻繁就醫、復健、早療……，每次在車上看到小愛疲憊的臉，總會有些心疼，並深刻理解到基隆的早療資源嚴重不足。

煙雨濛濛的美麗故鄉

我一向相信，童年獲得的愛與幸福，可以支撐一個人長大後，有足夠的勇氣走過人生的挫敗或低潮時刻。我希望小愛也能有我的幸運，擁有足夠的愛與幸福，陪著她一起走過人生的時時刻刻，並且無論未來她去到世界的哪一端，一旦想回家，就能知道故鄉基隆永遠對她張開雙臂，等著給出愛與幸福。

正因為我的家庭、父母、兄弟，還有我的故鄉基隆，給了我一個有愛有幸福的童年，所以在結婚生子之後，我也決定要讓我的女兒繼續在這個愛與幸福的城市度過童年。

說起來，我心目中的基隆印象，好像總是由各種深淺不一、濃淡交錯的藍色色塊所組成。

湛藍的天空、水藍的海岸，我最喜歡基隆的夏日傍晚，基隆港邊一盞又一盞橘黃色燈光陸續亮起，這時找一個高點，抬頭望向天空和海港，總能看到一望無際的寶藍色……，基隆頓時變得好華麗，雖然讓人感覺燈火通明的熱鬧夜晚正要開始，但這一刻卻總能給我一種寧靜感。

其實基隆有很多很美、很迷人的景色風光，和許多全球知名的觀光勝地相比，非但毫不遜色，更有其獨一無二的美好。

我曾經參訪過許多名勝古蹟，站在某個全球知名景點前，我經常會不由自主想到故鄉基隆的某一隅。像是位在基隆八斗子漁港內的望幽谷，有直通夢幻海景的濱海步道，登上高台後，還可遠眺九份山，每次站在望幽谷前，就像被各種水藍、寶藍、天空藍包圍，當年在希臘看到藍色愛琴海時，我就立刻想到八斗子！故鄉基隆就有這麼美的無敵海景，那層層疊疊的藍，組成的海天一色讓人深深感動，我根本不需要千里迢迢跑到歐洲去看海。

另一個我很喜歡的基隆觀光景點，是潮境公園，過去這裡曾經是垃圾集中地，經過重新規劃與整治，搖身一變成為老少咸宜的海濱公園，當初設置海洋保護區域，以及推動潮境海灣生物復育計畫，我也都積極參與，全力爭取，所以看到現在的潮境公園，已經成為基隆的知名代表性景點，也吸引不少觀光客前來踩點打卡，總是有一份感動。我還有一個想法，也許日後我們可以將潮境公園打造成一個有著無敵海景的兒童樂園！

很多人對基隆的印象就是多雨，巷弄狹小而彎曲，總給人很容易迷路的感覺，不過我早就習慣在下雨的日子裡，熟門熟路在市區街頭巷弄的廊簷下穿梭，如果正逢用餐時間，那麼我就會特別繞路去自己喜歡的小吃店，坐下來吃一碗麵；要是覺得有點精神不濟，那麼基隆有很多隱藏版的老咖啡店，可以讓我歇歇腳，補充一點咖啡因，等著恢復元氣後，繼續往我該去的地方出發。

在那樣雨濛濛的日子裡，無論店家裝飾的行人、穿戴的是什麼色彩，我眼中的基隆，往往會被抹上某種灰藍色，這時候我所看出去的一切，都變得柔和模糊起來，而我的心情也會跟著放鬆安定下來。

我在基隆出生、成長，基隆是我的故鄉，這麼多年來，無論去了哪一個國家遊歷參訪，在哪一個城市求學工作，只有當我回到基隆，才有回家的感覺，也只有當我人在基隆，才最有歸屬感。

在外拚搏的傳統台灣爸爸

說起來，我和基隆的緣分，早在阿公那一輩就開始了。我的家族世居基隆，阿公謝清雲從日本長崎大學藥學部畢業後，很早就在基隆開設了三光西藥房，後來因緣際會，開始參與公共事務。說起來，我阿公也算是醫事人員轉而從政的例子，如果今天他還在，想必也能為防疫盡一份心。

我的父親謝修平則是繼承了阿公對公共事務的志業，成年後投身參與政治。早期我爸擔任過基隆市議員，後來也當過議長，還曾任第二屆國大代表，不過在當完第二屆國大代表後，我的父親就決定不再參選，轉而投入商界，做生意、辦學校。一直到現在，父親縱然上了年紀，但依然還在線上工作，並沒有退休的打算。

爸爸是很典型的傳統台灣父親，從小就對我和哥哥的管教很嚴格，他很少在我們面前露出感性溫暖的那一面，是個很有威嚴的硬漢型老爸。我小時候總是有點怕他，只要在他面前，我就會很識相的收起頑皮和任性，變得沉默安靜。

或許是因為父親的不苟言笑，讓我對父親充滿敬畏，不敢在他面前失了規矩。等到我有了女兒，成為人父之後，我決定要成為女兒最好的朋友，希望女兒和我無話不談，有什麼心事都能和我分享，所以我向來就毫不掩飾自己對女兒的疼愛與珍惜，即使被笑是女兒控或女兒奴，我也絲毫不以為意。

不過，雖然對父親十分敬畏，但等我慢慢懂事後，就明白爸爸為了整個家族有多不容易。他一直很努力在外打拚事業，身為一家之主的壓力，再加上傳統男性對自我的要求與自尊，讓他不能輕易表露情感。我相信他一定承受了很多不為人知的辛苦，也因為有爸爸在外拚搏奮鬥，我才能在這麼安穩豐盛的環境中成長。

雖然一直以來，嚴肅的父親讓我不敢在他面前放肆，但是在我碩士畢業，決定從政參選後，爸爸就成為我最重要的智囊，父子倆終於有了很多共同話題，我也因此有了更多和爸爸互動的機會。

現在的我，如果在事業或工作上遇到瓶頸，又或是需要下什麼重大決定而有些猶豫時，爸爸總是能讓我看清局勢，給我最中肯的建議，進而幫我做出最好的決定。

兼顧家庭與事業的溫柔媽媽

我的母親謝林曼麗則來自另一個大家族，也許是從小耳濡目染的關係，媽媽很有商業頭腦，以前的人說「生意囝歹生」，意思就是擅長做生意、經營企業的人是那麼難得，而我覺得媽媽天生就是做生意的料，就算身為女性，也掩蓋不了媽媽在商業經營上的天賦，她在商場上的表現與成就，是許多男性都望塵莫及的。

從我有印象開始，媽媽就是兼顧家庭與事業的職業婦女，在那個雙薪家庭還很少見的年代，媽媽就一直是父親事業上的重要夥伴。

記得小時候放學回家，爸爸媽媽總是不在家，他們常常要在外面應酬，所以我們一家人很少有機會一起吃晚餐，通常都要等到我入睡了，爸媽才會回到家。儘管媽媽總是很忙，沒有太多時間陪我，但相較於爸爸的嚴肅，媽媽則是溫柔寬和，所以從小到大，要是遇到什麼不如意的事，無論是考試考砸了，或是和同學有什麼不開心，媽媽總是我第一個分享傾訴的對象，她總能給我很大的安定感。

即使現在我都結婚生子，有了自己的家庭，我跟媽媽還是很有話聊，在我心目中，媽媽不僅能幹，更是我很重要的精神支柱。也因為媽媽一直經營事業，所以她總是不斷吸收新知，了解世界變化，持續在進步，每次跟她聊天，我總能學到很多新東西。

從社交活動中學習成長

也許是父親從政的關係，從我懂事以來，家裡就經常有客人出入往來，其中不乏報章雜誌或電視上會出現的知名人士，但無論是什麼人，爸爸媽媽總會要求我和哥哥要有禮貌，務必跟每一位遇到的叔伯阿姨長輩們打招呼問好。上了國中之後，爸媽也開始會帶著我出席各種社交活動，特別如果是爸媽當主人要宴客，我和哥哥就會被指名要一起參加。

起初我真的覺得有點痛苦，因為大人聊的事情我聽不懂，現場又不太會有同輩可以交流，我只能安靜的乖乖坐在一旁。不過隨著年紀漸長，聽得多也懂得多了，慢慢能夠明白一些事情的來龍去脈，也對於不同賓客之間的關係深淺好壞開始有所了解。

上了高中，我漸漸意識到自己對於企業管理的興趣，當時就覺得未來從商的機會很大，所以跟著爸媽參與社交活動時，總在一旁觀察聆聽的我，對於賓客的對話、談論的各種商業議題，就感到愈來愈有意思，自此

父親謝修平是很典型的傳統台灣父親，對我和哥哥謝國棟的管教很嚴格，是個很有威嚴的硬漢型老爸。

我在各種社交場合中，開始愈來愈自在，愈來愈從容。

如果當場有些不懂的地方，我會私下再跟爸媽請教，爸媽總會再多說一些我聽不出來的弦外之音，尤其是爸爸，父子倆互動多了，我也就更能理解他身為一家之主的辛苦和壓力。而以一個小孩子的身分，在大人不設防的前提下，參與這些社交場合，或許就是我日後從政的濫觴。

血氣方剛的青春期

雖然爸爸媽媽很重視我和哥哥的家教，倒是對我們的課業成績沒有太多要求，所以我小學幾乎無憂無慮，在校成績普普通通。結果，升上國中後，課業壓力驟增，每天光應付學校的課業就讓人生無可戀，我媽媽看我這樣，常常感到很心疼。

我讀國中的那個年代，升高中必須參加聯考，那是一個成績掛帥、升學至上的時代，我從無憂無慮的小學生，一下子變成課業壓力爆表的國中生，再加上我就讀的是以升學聞名的私立學校，每天都有上不完的課、讀不完的書、考不完的試。國中生活讓我痛苦不已，每天都覺得喘不過氣，明明覺得自己已經很努力了，但考試成績總是不如預期。當時大家對於老師體罰學生都認為是理所當然，所以凡是考試成績沒達標，老師常常會以差幾分打幾下的方式來「鞭策」學生，我當年就挨了不少打。

那時候大我三歲的哥哥已經去美國一、兩年了，爸媽原本沒打算讓我這麼小就成為小留學生，但看到我的國中生活適應得這麼不好，每天都過得很不開心，所以索性提早把我送去美國，跟哥哥一起作伴讀書，想說兄弟兩人一塊在異鄉求學生活，互相也能有個照應。

記得剛去美國時，我們的年紀還小，爸媽不放心兄弟兩人自己生活，就安排我和哥哥去加州的姑姑家，跟姑姑、姑丈還有表哥住在一起。雖然姑姑也很照顧我們，不過當時我和哥哥都處在敏感又叛逆的青春期，加上剛進到陌生的國度，急著適應與過去截然不同的異國生活與文化，但對英語的掌握程度還很有限，無法好好表達自己的需求。我們一方面想要盡快融入新世界，不要讓爸媽擔心；另一方面又因為年輕不成熟，不懂得好好釋放在新環境中遭遇的挫折和累積的壓力，所以總是處在爆炸邊緣，動不動就發脾氣，自然難免和姑姑、表哥有些摩擦。

兄弟情深在異鄉

有一次，我哥和表哥不知道為了什麼事情起衝突，搞到後來居然扭打成一團，幾個年輕氣盛、血氣方剛的男孩子這麼鬧，姑姑實在管不了，爸媽知道了之後，覺得再這樣下去也不是辦法，只好同意我們兄弟兩人搬出去住，自此我和哥哥算是正式展開在異鄉的獨立生活。

和哥哥一起在美國當小留學生的那些年，我們一邊摸索適應截然不同的文化和生活，也開始了解成年人世界的現實樣貌，當時我所經歷過的酸甜苦辣，以及跟我哥共同生活的點點滴滴，留下了很多難忘的青春回憶。

就是因為那些年的留學生涯，兄弟倆走過那段相互扶持的時光，所以

多謝家人給我很豐沛的愛與支持，讓我擁有一個充滿愛與幸福的童年。左起母親謝林曼麗、哥哥謝國棟、祖母謝杜院連、父親謝修平和我。

我和哥哥的感情很深厚，即使我們兩個人都已經各自成家立業，我哥還是像當年在美國一樣的挺我、罩我，而我大嫂也對我很照顧。

我從十三歲去了美國讀書，就一直待到南加大社會系畢業，才毅然決然從美國回到台灣。原本大學我讀的是經濟系，沒想到畢業前赫然發現修習的學分數沒拿捏好，有幾個經濟系必要的學分沒拿到，所以最後選擇從社會系畢業。儘管如此，我大學時期所修的課程，大部分其實還是經濟系的課程。

我的獨家廟口美食SOP

剛去美國讀書的時候，因為不習慣異鄉，加上年紀還小就離開父母和熟悉的生活環境，常常會很想念台灣和家人。雖然那時候我才十幾歲，但步入青春期的國中生，總覺得自己是個大人了，應該要像個成熟的男人，經常一再提醒自己要勇敢，不能隨便打電話回去跟媽媽說想家。那幾年，每當我心情沮喪低落的時候，一個人安靜的想起在基隆生活的點點滴滴，心裡就會湧現一絲愛與幸福的感覺，原本空虛寂寞的心情也就經常隨之一掃而空。

我很認同「幸福的人用童年治癒一生」這句話，因為我有一個充滿愛與幸福的童年，所以在往後的人生裡，讓我有勇氣度過很多低潮受傷的時刻。在基隆出生、成長，我的童年過得無憂無慮，雖然爸爸媽媽因為工作繁忙，陪我的時間很有限，但他們還是給了我很豐沛的愛與支持，我哥也很疼我這個弟弟。

回想在基隆的小學生活，既充實又好玩，那個年代大家的生活純樸簡單，同學也都住得近，下了課常常跟同學玩在一起，打打球或騎騎腳踏車，日子真的很愜意。

小時候我很喜歡跟同學一起打躲避球，還有現在很少見的足壘球（足壘球的編制有點像棒球，但我們不用球棒打球，而是直接用腳踢球），天氣好的週末，我們會找一個空地玩球，一群男孩在一起玩鬧，日子過得很痛快。有一陣子我還熱中練習單車特技，那時候的小男生都希望自己可以練就「蹺孤輪」的炫技，我曾經就這麼練了好久，經常搞到手腳瘀青，卻還是樂此不疲。

偶爾爸爸媽媽有空，興致來的話，他們就會帶我去逛夜市。小時候我很喜歡廟口夜市，只要有機會，就會要爸媽帶我去解饞，當時正在發育，胃口奇佳的我，每次去到廟口夜市，可是有我自己專屬一套吃好料的SOP。

第一道首選蚵仔煎，雞蛋、肥蚵和青菜，一起煎得焦焦的，再淋上味道甜鹹的粉紅色沾醬，這是我心中完美的開胃菜；接下來是有名的炸天婦羅，新鮮魚漿做的天婦羅，入鍋現炸，剛起鍋時膨脹白胖還冒著熱氣，入口時總還有些燙舌，附上的醃黃瓜正好可以用來降溫，酸味和香味融合在一起，真是一大享受；這時我已胃口大開，所以一碗能吃飽又能吃巧的咖哩飯，正好可以給我飽足感，同時讓我的味覺和嗅覺快速被咖哩的香氣包裹。這就是我獨家的廟口美食SOP，每次我總要按部就班一一嘗過，才會心滿意足的回家。

一個讓人自由自在成為自己的地方

除了廟口夜市，如果問我在國外念書時，最想念的故鄉食物是什麼，那麼絕對是「便當大王」，這是一家經營幾十年，只要是基隆在地人都知道的老店，記得我第一次吃到，應該是小學三年級的事。一直到現在，我還是三不五時就要去買來解解饞，甚至愛到還曾經有過「不如搬去附近住吧」這樣的念頭。如果有活動在基隆，要訂便當的話，我的辦公室同仁都知道「便當大王」絕對是我的首選。

還記得以前去美國都是搭西北航空，中途得在日本轉機，出國讀書那幾年，每次寒暑假結束，返美開學搭機時，我都會從基隆帶著兩個便當大王的雙拼便當出發，一個在台灣的機場就先解決，另一個則要留到日本轉機時才能享用。

我從小就很喜歡跟人分享好吃的，還記得小時候住在仁武路時，大廈管理員是一位伯伯，他對我很好，當時讀小學的我，幾乎每天放學都會去中四路的傳統麵包店，買一個十塊錢的蛋糕給伯伯當下午茶點心，有時候就算零用錢只剩十元，我還是會把錢拿來買蛋糕給伯伯，那時候我就覺得和人分享美食，是一件會讓我很快樂的事。

這些當時覺得很平常的小事，後來成為我童年生活的重要記憶，而這些記憶帶給我的感覺，就是愛，就是幸福。也因此，我心目中對基隆的感覺，也總是充滿愛與幸福。

現在小愛在基隆生活，我們很常去信三路的老麵攤吃麵，在地人都俗稱這個沒有店名的小店為「龍門客棧」。如果有空的話，我還會帶著小愛去東岸廣場走走逛逛，那裡有得玩也有得吃，停車也方便。我想小愛也在創造屬於她的「故鄉童年記憶」，就像當年的我一樣，希望她也有個日後想起來，充滿愛與幸福的童年。

我很感謝我的童年時光是在基隆度過。基隆的生活步調雖然和緩，卻

地方行程祕書（右）和我在信三路的老麵攤邊吃邊聊。

基隆的生活步調雖然和緩，卻不封閉，是一個包容性很強的好地方。

不封閉，雖然不是像台北那樣的商業大城，但因為有港口、有來自世界各地的船隻航運，所以和外界的交流頻繁，總能大方接受包容相異的、陌生的、創新的種種，好像什麼人來到基隆，都可以被接納、被擁抱、被當成一份子，也就是這樣一個能夠讓人自由自在成為自己的地方，才會充滿愛與幸福吧！

2

從創業新手到政壇新人

大學畢業後，我沒有選擇繼續待在美國，而是決定回到台灣。

自從十三歲出國成為小留學生，一直到大學畢業回到台灣，將近十年的異鄉生活，我雖然已經適應美國的生活節奏，但內心總覺得無論國外的生活多麼先進，人在他鄉終究還是少了一點什麼。就好像我雖然早已能用流利的英語跟外國人對話，但是在美國那些年，只要遇到母語是中文的人，彼此能用中文聊天說話，感覺就是特別暢快，要是對方同為年齡相近的台灣人，有很多在台灣生活的共同記憶，那種人不親土親的感覺，總是馬上就能和對方打成一片。

血液自帶商業基因

這一切，在在都顯示我是這麼的想念故鄉，想念台灣的生活，所以大學畢業後，我並沒有考慮太久，就速速打包行李，飛回台灣，我想要先回家休息一下，喘口氣，再思考人生的下一步。

回到台灣後，我其實沒有讓自己閒散太久。

父母從商多年，從小看著他們在商場上打拚，也不負所望的做出一番成績，除了賺錢獲利之外，在創業的過程中，有機會把個人的想法和理念變得具體可行，經營事業的同時，得以跟許多優秀的人才互相切磋，還可以結交到志同道合的朋友，慢慢打造自己的團隊和人馬。而商業環境和科技發展的日新月異，讓人必須隨著時代進步而跟著應變，才能讓自己與社會脈動及世界趨勢同步，所以總是讓人活力滿滿，對世界充滿好奇。

他們讓我看見：從商一方面能夠不斷創新，持續挑戰新機會，一方面也可以把世界各地各種先進觀念與想法帶回台灣市場，不禁讓我覺得有種興奮感。一直以來我都對創業很有興趣，我相信自己的血液中一定自帶商業基因，對我來說，創業經商一切似乎是那麼理所當然，所以才會在我大學剛畢業時，就有了創業的想法與行動。

回到台灣後，我跟爸媽提到我在美國的時候，使用「E*Trade」的網路系統下單買股票的經驗。比起跟營業員打交道，請對方代為買賣股票的交易方式，現在只要透過手中的滑鼠，就能不假他人之手，直接參與金融市場運作，這樣的體驗既新鮮又奇妙。

當時網路方興未艾，雖然無法想像二十年後的今天，網路會對人類的生活帶來這麼大的影響，但那時候我就看好未來的世界，一定是網路的世界，所以我跟爸爸媽媽爭取，是不是可以讓我試著開發一套專屬於台灣市場的網路下單服務。

第一次創業，學習到「危機就是轉機」

爸媽聽了我的話之後，也認同網路下單確實是一條很有發展潛力的路，正好當時家族企業中，有一家已經經營多年的老牌券商公司——「公誠證券」，爸媽同意讓我先在公誠證券試著做做看，於是我人生的第一次創業，就從這家年紀比我還大的老證券公司開始。

公誠證券是從我的父執輩就開始經營的公司，曾經也有過很風光的時期，一度在台灣的市占率達到五%，但隨著企業老化，市場飽和市占率在我跟父母提到開發電子下單服務時，表現已經大不如前。也因此爸媽認為讓我去試水溫，風險不至於太大，如果能做出一番成績，還可能是個翻轉的好機會，所以同意讓當時才剛從大學畢業的我放手一搏，看看我能有什麼表現。

這次創業的經驗讓我學習到，原來很多時候，危機往往也是轉機。正是因為公誠證券當時的市占率不高，所以發展網路下單服務，反而沒有什麼包袱。記得當時我們試著在傳統委託營業員下單的模式之外，增加網路下單的新模式時，由於對營業員的衝擊並不直接，並不會侵蝕既有的老客戶，所以營業員並沒有什麼抗拒，事實也證明因為網路下單服務而來的客戶，幾乎都是新客戶，都是以前沒能觸及的客源。

一九九八年六月，網路下單服務推出後，半年內便繳出成交量達八十億的好成績，因為新服務大獲成功，公誠證券便決定把網路部門獨立出來，很快的成立了「公誠電子券商」這家新公司，由我擔任總經理。第一次的創業經驗出乎意料的順利，初試啼聲就做出令人印象深刻的好成績，當時我除了覺得自己的確是塊做生意的料，也難免有點沾沾自喜，畢竟當年我才二十四歲，真的還好年輕。

第一次創業的那段期間，我每天早上都迫不及待想要出門上班，即使工作時間很長，每天工作十二小時以上是家常便飯，但我絲毫不以為苦。雖然永遠有很多事要忙，有很多問題等著去解決，但一切都讓人發自內心感覺興奮，對每件事情都躍躍欲試，時時都覺得衝勁十足！我很高興自己

企業經營管理對我來說是如此自然，首次在公誠券商引進網路下單，並在半年內創下台幣八十億元交易量的佳績。縱使也會遇上困難，但我從來不會抗拒，反而總是樂在其中。

果然遺傳到父親和母親家族的商業基因，創業經商就像是根植在我血液中的ＤＮＡ，企業經營管理對我來說是如此自然而然，縱使也會遇上困難或瓶頸，但我從來不會抗拒，反而總是樂在其中，甘之如飴。

ＭＩＴ的訓練讓我思慮更成熟

二十四歲初試啼聲，投入網路下單服務的開發經營，各界反應很好，不過因為當時還非常年輕，即使對於第一次創業的成績有些得意，但我很明白自己還是有不足之處，也覺得有必要系統化的再去國外深造，我想更專注的學習商業邏輯和相關理論。因此後來我就以在公誠證券推出網路下單服務的成功實績，順利申請到美國麻省理工學院（ＭＩＴ）旗下史隆管理學院（Sloan School of Management）碩士班，在大學畢業三年後，再次回歸學生身分。

在ＭＩＴ求學時，同學幾乎都是來自全球一流企業的高階經理人，由於MIT史隆學院在全球商學院中名列前茅，所有錄取的學生都必須有足堪認證的實務經驗，不是自行創業做出亮眼的成績，就是在大型國際知名企業，擔任一定職務的高階主管，當時像是IBM或思科（Cisco）等一流公司，就常常指派內部高階主管到史隆學院進修。

我在MIT史隆學院的同學或學長姐，很多都是世界頂尖的商業人才。比較知名的校友，包括曾任聯合國第七任祕書長，並於二〇〇一年被授予諾貝爾和平獎的安南（Kofi Atta Annan），還有曾任惠普公司董事長兼任CEO的費奧莉娜（Carly Fiorina），他們也都畢業自MIT史隆學院。

因為我是以創立台灣最早推出網路下單服務的「公誠電子券商」，以及在半年內就創下台幣八十億元交易量的佳績，向MIT提出申請，所以我申請的是史隆管理學院旗下的科技管理研究所（Management of Technology），當時全班只有一個同學比我年輕，大多數同學的年紀都長我好幾歲。在MIT，我學習的主要方向，是鎖定科技管理產業的相關變化，例如：技術移轉、S曲線等理論說明及其應用，畢業時取得的學位是Master of Science，並且也扎扎實實寫完碩士論文。

在MIT念MBA將近兩年的時間，可以說是我人生中最用功讀書的日子，當時甚至還得把睡眠分成上下兩段，才能完成不同課程所指定的各種作業和報告。我每天從上午九點半開始上課，一直到下午三、四點才下課，由於課程很扎實，每每上完一整天的課之後，回到宿舍總是筋疲力竭，什麼事都做不了，所以得先小睡兩、三個小時，才有力氣去做其他的事。

我通常都睡到晚上七、八點，然後趕緊起床寫作業、讀資料。當時雖然睡眠嚴重不足，但每次好不容易把隔天要交的作業、該讀的功課都完成後，我總要打幾場電動抒壓，就當做是給用功的自己一點小確幸，所以等到再次上床睡回籠覺時，幾乎是凌晨三、四點的事了，然後睡不了幾個小時，就又得趕著早起進教室上課。

那段日子雖然經常處於睡眠不足的狀態，但在MIT所受的訓練，對我日後的幫助很大，影響也很深遠。回想自己二十幾歲初次創業就成功，當時還以為自己真的有什麼過人之處，但有趣的是，當我取得ＭＢＡ學位後，回頭再檢視自己初出茅廬的創業之舉，不得不為當時的年輕氣盛有些汗顏。

大學才畢業的我，思考決策的模式以及評估判斷的基準，其實還有很多不夠成熟的地方，或許是初生之犢不畏虎，加上一些好運氣，讓我在對的時機切入市場，再加上父母、家族的支持，讓我可以順利的做出一些成果。但經過ＭＢＡ嚴謹扎實的課程訓練後，我的思維模式得以更周詳、更謹慎，對於市場商機或是經營管理上的判斷，也更加成熟。

我也意識到，原來第一次創業的成功，其實有著太多的好運氣，並不真的是我有多麼天縱英明，暗地裡著實為自己捏了一把冷汗。所以從ＭＩＴ畢業後，我對創業反而謹慎起來，這也是為什麼在取得ＭＢＡ學位後，我沒有繼續從商，反而決定踏入政壇，投身公眾服務，讓自己十幾年來，全心全意專注在公共事務上。

首次參選，成為最年輕的立委

二〇〇四年，我二十九歲，第一次參選立法委員，在基隆民眾的熱情支持下，以黑馬之姿獲得第一高票進入立法院，也是當屆立法院最年輕的立委。之後又在二〇〇八年及二〇一二年連續連任，直到二〇一六年一月三十一日卸任為止，一共擔任了三屆立委。

擔任立委十多年來，我一直致力為基隆以及台灣民眾打造一個更好的社會與生活環境，推動了許多民生交通法案，包括因應基隆—台北往返通勤族搭乘火車的需求，爭取基隆—台北的台鐵通勤直達車，讓大家在尖峰通勤時間的交通得以緩解；二〇一一年成功爭取到全程二十一公里，由大都會和首都客運合作開闢的「基隆大武崙—南港展覽館」9026國道客運路線，讓往返基隆、南港地區的民眾更為便利，省下更多通勤時間。此外，還讓素有最美麗鐵路支線之稱的「台鐵深澳線」復駛，進而帶動海洋科學博物館及東北角的觀光人潮；同時為台鐵基隆至百福沿線的五個火車站，爭取設置無障礙月台電梯，以確保年長者及身障朋友行的權利。

除了基隆的交通建設，我也就基隆市各級學校校舍及運動設施老舊破損等問題，向教育部爭取專款補助。此外，由於基隆是個多雨的城市，為了讓民眾不受氣候影響，隨時可以從事體育活動，我還積極向體委會爭取專案補助經費，在使用率高的社區型籃球場進行加蓋工程，打造不畏風雨的風雨球場，除了有助於推廣基隆市民的運動風氣，對於當地的社區發展也能有所助益。

不只在基隆的交通與教育上盡心，任職立委期間，我也成功爭取到將情人湖、外木山以及和平島公園納入國家風景區，獲行政院同意後，我積極協調「台灣好行觀光巴士」，開立基隆觀光路線（後續調整為現行「台灣好行」之「T99濱海奇基線」），遊客可以從野柳地質公園，搭台灣好行觀光巴士到外木山、情人湖、和平島等景點，亦可再連接龍宮尋寶觀光路線，串連至海科館等基隆港東岸景點，打造基隆沿岸觀光廊帶。

身為國會議員，在為基隆市民謀福祉之際，我也將心力投注在攸關全國性的民生重要法案上。包括多次提案修法，將涉及違反公共安全的酒測標準值，由〇．五五毫克降到〇．二五毫克，並將不符合酒測標準值的駕駛人，列為預防性羈押項目之一，以更嚴格的標準來預防酒駕的可能性，也避免有心人士抱持僥倖心態。

此外，為了改善基隆市民到雙北上班上課的通勤問題，立委任內，我成功讓交通部同意在尖峰時段開放部分國道路肩通行，降低高速公路的壅塞。一直到現在，實施開放路肩，舒緩尖峰時段交通壅塞的做法，仍是短時間內民眾有大量使用國道需求時，交通部會採取的措施之一。

而我對於兒童的關注與保護，早在還沒有成為爸爸之前，就已經開始了。一直以來我就很重視兒童與青少年，任職立委期間，因為看到虐待兒童的事件頻傳，有些個案甚至造成兒童身體傷殘、死亡，這些事件都讓我非常在意。

我認為應該要對這些傷害幼小孩子的人，做出更嚴厲的懲罰，於是提案加重虐兒刑度，以保護兒童及少年免於遭受凌虐惡行。當時我曾提案修

擔任立委十多年，我非常關心基隆市民的通勤問題，推動過許多民生交通法案。像是爭取基隆—台北的台鐵通勤直達車，讓大家在尖峰通勤時間的交通得以緩解。

改刑法第二百八十六條，對於未滿十八歲或無自救能力者施虐，處七年以下有期徒刑；而虐童致死者，最重更可處以死刑，除了在刑法上對於施虐者增訂加重刑責，亦提案修法提高傷害兒童的罰金。

感恩父母與家族的支持，使我無後顧之憂

不少人把立委當成追逐名利的職業，的確，社會上不乏有過貪瀆、收賄、圖利他人的具體個案，也有很多人認為立委一個月數十萬的薪水是「坐領高薪」。事實上，在我擔任立委的十幾年，每個月的開支，在扣除掉擔任立委的薪資收入後，平均都還得自掏腰包，貼補八十萬到一百萬元不等。幸好我的父母和家族成員有能力、也都很願意支持我專心問政，讓我可以無後顧之憂去服務大眾，不必為了籌措經費，非得仰賴外部贊助，或是跟一些利益團體或企業組織打交道，才能維持幕僚團隊的運作。

對我來說，因為我無所求，既沒有要維護的利益團體，更沒有想要搶

食任何市場，完全不必為了特定產業奔走，也因為不必爭取外部企業的贊助，沒有為特定產業或企業服務的壓力，也因此，擔任立委多年，我從來不必幫特定人士喬事情。

凡是產業相關法案的增修，就必然會對該產業及其中牽涉的各方帶來損失或利益，經常只要有一方得利，就會有某一方受損，正因如此，處理涉及產業的相關法案，一不小心就很容易變成為特定產業或某些利益團體背書，或是導致限縮特定產業的生存空間。

因此，為了避免利益團體不時來跟我遊說，在連任第二屆之後，我做了一個決定，身為立法委員，我將不再觸及特定產業相關的修法，只專注攸關公共利益的法案，日後只從事與社會大眾福祉有關的法案修法。

既然下定決心不進行與特定產業有關的修法工作，所以在擔任立法委員期間，我總是選擇參與比較冷門的司法委員會。司法委員會不像經濟、交通或財政委員會那麼受歡迎，是很多委員搶著要擠進去的委員會，因為司法委員會一向不涉及特定產業，所以比較沒有來自企業的各種「資源」，也因此，司法委員會通常不是熱門搶手的委員會。

我想我的確比多數立委更幸運，因為不需要爭取額外的資源，可以參與自己真正覺得有意義、有興趣的委員會，也有完全的自由度可以依照自己的意願實現對選民的承諾，選擇進入自己能夠有所發揮的委員會。

為深入了解刑法，重返校園

在司法委員會參與修法的過程中，我發現自己對刑法很有興趣，不過初期我對刑法的了解十分有限，想一想，不如回到校園學習，雖然看似很花時間，但其實最有效率。這也是後來我之所以會選擇在二〇〇九年重返校園，攻讀法學碩士的原因。

現代的民主法治社會，所有管理「人」的基礎，其實就在於刑法。對於什麼樣的行為需要限制？什麼樣的行為需要被懲處？一個人如果犯了法，在不同的情況下，應該受到怎樣的刑罰？如何去拿捏什麼事該罰？

該怎麼罰？對社會可能產生什麼樣預防及警示的效果……？這些問題的答案，在設立或修改刑法相關條文時，都必須深入考量，再三斟酌才行。

正是因為想對刑法有更完整且扎實的了解，同時讓自己的法學素養能夠更完整，所以在第一次連任立委之後，我就決定報考政治大學法研所在職班，深入研究了解刑法。雖然當時因為身兼多職，還要讀研究所實在有點分身乏術，所以從入學到畢業，前前後後花了四年才完成學業，但我真心感覺非常值得，甚至心想日後如果還有機會，也許哪天會再選擇回到學校，繼續攻讀法學博士。

無論是精神或實質層面，我都很感謝我的爸媽和家族對我從政的全力支持，讓我在擔任立委時，得以獨立的保有自我，不忘初衷，去做我覺得真正有益於社會大眾的事，而不必在過程中有所妥協。日後若如果還有機會回歸公職，我依然會秉持這樣的態度和原則去服務民眾，做出應有的貢獻。

3 跳出舒適圈，闖進好萊塢

自從二十九歲第一次參選基隆市立法委員，我連選連任當了三屆立委，十幾年下來，一直擔任同樣的職務，持續從事立法、修法的工作。這麼長的時間都在做一樣的事情，讓我到後來開始感覺有些疲乏。

或許是當時自己也還年輕，除了擔任公職、服務大眾，我的內心隱隱有些目標和渴望在蠢蠢欲動，但我總是跟自己說，現在還不是時候。我想著來日方長，有朝一日一定可以去追求，我很想看看自己還有什麼其他的可能性。

婉拒徵召，不戀棧舒適圈

二〇一二年我三度選上基隆立委，地方上開始有些聲音要我考慮參選二〇一四年的基隆市長選舉，隨著選舉愈來愈接近，當時的總統馬英九也的確徵詢過我的意願，希望我代表國民黨參選基隆市長。

十多年的立委生涯，我自認不負選民信任，盡心盡力服務選民，積極參與立法事宜，也的確做出了一點貢獻，但不可否認的是，即使連任了三屆立委，終究還是有些使命和目標，是我身為基隆市唯一一席立委，一心想為基隆市民努力爭取，卻怎麼也推不動的事情。

這些我一心想做而不可得的事，到後來難免讓人充滿無力感，加上我並不戀棧國會議員的位置（我想這正是我的優點與優勢）。既然我還年輕，也覺得人生還有很多想做的事，有那麼多可以讓我揮灑創造的領域，於是我再三考慮，也跟家族、長輩審慎商量後，就決定不再參選連任。

在下定決心，並且取得父母、家人的認可後，二〇一五年三月三十一日，我正式對外宣布不再競選立法委員，也婉拒前總統馬英九要我代表國民黨參選基隆市長的邀請。

身為國會議員多年，不得不承認立委的確享有一定的權力和優勢，要決心全然的放下，其實並不容易，加上我是基隆市唯一的一席立法委員，連任三屆以來，也的確完成了一些任務，推動了不少重要的民生法案，所以當時還是有許多選民非常支持我。只是當時我真的覺得自己應該趁著還年輕，跳出舒適圈去闖一闖，看看自己還有什麼可能性。我對自己有信心，只要給我機會去嘗試，一定可以做出一點成果。

成立「華聯國際」，帶著台灣電影向好萊塢叩門

在決定卸下公職，離開政壇後，我開始思考下一步。最初我成立了一家投資公司，經營了一段時間，因為眼光精準，公司很快就投資獲利。但我從商的初衷，從來就不只是想要賺錢，而是還想做得更多，所以決定再

做些不同的嘗試。後來我找了兩位家族本身經營影城的朋友一起合作，三方共同成立後來的「華聯國際」，自此我投身電影產業，正式成為一家文創企業的公司負責人。

記得剛卸下立委身分，成為民間企業經營者時，我天天忙於新業務的開發與規劃，那是一段很快樂的日子。當時就像個空中飛人一樣，我在台灣、上海、加州等不同城市飛來飛去，光是美國，一年之內就去了十趟，在友人的引薦下，我有機會跟一些在好萊塢電影圈舉足輕重的電影人當面請益，像是已經過世的漫威創辦人史丹・李（Stan Lee），還有金獎大導演雷利・史考特（Sir Ridley Scott），我都曾經親自登門拜訪，跟他們面對面討論合作的計畫。

這些年來，「華聯國際」前後曾推出《我的少女時代》和《想見你》等叫好又叫座的電影和影集，在業界廣受好評。身為一個文創企業家，我一直非常積極想在好萊塢為台灣電影闖出一點名堂，因為當時亞洲的電影公司如「華誼兄弟」或「博納影業」都已經在好萊塢慢慢站穩腳步，所以我希望台灣也能有一家電影公司，可以在全世界所有頂尖電影人心目中的最高殿堂立足，而這家公司可以就是「華聯國際」！

我真的很希望「華聯國際」可以成為台灣踏入好萊塢的叩門磚！

只可惜大環境丕變，最初好萊塢看好亞洲的廣大市場，所以很期待跟亞洲公司合作，可是市場短時間內劇烈的大起大落，導致好萊塢與亞太地區電影人的合作熱度，在很短的期間內急劇冷卻，原本積極開放的態度，一下子風雲變色，轉為極度消極，「華聯國際」在這樣的氣氛下，自然而然也跟著受到影響。

儘管最初希望能在好萊塢拍電影的想法，並非完全不能實現，但好萊塢的電影圈有其根深柢固與縱橫交錯的歷史、背景、人脈、山頭、潛規則……，絕對不是一個華人或是一家外來的亞洲公司，就能輕易打入真正掌握核心資源的主流圈內。再怎麼說，好萊塢終究是由猶太人以及幾家一流的大咖電影公司所主宰。即使我有信心可以找得到投資人，但遍尋不著一流的故事內容，或許才是最大的難題所在。

剛卸下立委身分時，我和一些朋友投資成立了「華聯國際」，在業界廣受好評。圖為邀請《我的老闆是隻貓》來基隆拍攝取景。

後來，我才慢慢了解到，在好萊塢的電影圈裡，最優越、最精采、最頂尖的故事或劇本，往往在真正釋放出來，讓不屬於核心份子的電影人看到之前，早就被好萊塢前五大、十大的電影公司捷足先登，搶先篩過一輪了。

像華聯國際這樣剛剛叩門，初來乍到好萊塢的公司，根本就沒有機會進到核心的內容製作圈子，即使有時候以為拿到的劇本很厲害，可是一旦投資下去開拍之後，結果很可能會與預期產生巨大落差，這個極度燒錢的行業，一個不小心，大把的資金有可能在短時間內瞬間化為烏有！這就是好萊塢電影界的現實與專業，也是好萊塢之所以是好萊塢，至今無可取代的原因之一。

當時看著亞洲幾家大的電影公司，股價一天內劇烈的震盪起落，一下子多頭，一下子空頭，一切充滿了不確定，再加上對內的製作，苦於遍尋不著一流的素材；另一方面，對外的募資也隨著瞬息萬變的氣氛而大受影響，即使都已經取得史丹．李和雷利．史考特的首肯，願意參與「華聯國際」的拍片計畫，雷利．史考特甚至都說好要擔任我一部電影的監製，但是在好萊塢拍電影的計畫，終究還是差了臨門一腳。

《我的少女時代》創下佳績

雖然我當時真的很想把台灣電影推進好萊塢，讓台灣電影和優秀的電影人有機會在世界頂尖的好萊塢中嶄露頭角。只是當我愈是深入了解到好萊塢的產業生態，愈是見識到各種勢力與權威長年交錯縱橫的不可撼動與難以突破。經過再三評估，最終還是只能忍痛喊卡，讓我的好萊塢夢鎩羽而歸。

雖然原本的雄心壯志未能如願所償，但平心而論，放下政治人物的身分，成為企業經營者的我，應該還是做出了一點成績。

在和兩家影城的公司合併之初，「華聯國際」的資本額大概是一億五千萬元，後來我又溢價把股本增資到兩億一千萬，讓公司規模愈來愈大。

我在麻省理工學院接受的嚴格訓練，讓我對於資本、財務、投資等項目十分熟悉，加上公司也有賺錢，所以「華聯國際」很快就上了興櫃。記得剛上興櫃時，有一陣子「華聯國際」的股價還曾高達七、八十塊。

當年華聯國際拍攝的電影大賣，光是《我的少女時代》，票房就高達二十七億台幣，從二〇一五年到二〇一七年，連續三年蟬聯中國電影票房冠軍，我還以此獲得「安永企業家獎」的殊榮。以一個民意代表轉戰商場創業的結果來看，這個成績得來不易，我很珍惜。

我之所以能夠那麼迅速又順利的從立委變成企業經營者，完全沒有別人擔心的失落感，除了我對創業及公司經營的熱忱與熟悉，最重要的是，我一直相信自己是有底氣、也有能力的人。此外，另一個原因或許是我選擇不再繼續參與立委選舉，放下國會議會的身分與待遇，這是我自己主動決定、選擇的結果，所以也帶著一絲破釜沉舟的決心。

當時的確有很多人勸我不要輕易放棄，覺得這樣太可惜，但是對我而言，一旦下定決心，就沒有任何人可以影響我的決定，我想這是我的優點，當然，從另一個角度來看，這或許也是我的缺點。

成功從來就不是理所當然，失敗更是稀鬆平常

這麼多年來，雖然有過很多看似風光的時刻，也留下一些可圈可點的成績，但其實每一次成功之前與之後，都有著比成功次數要多得多的失敗經驗。

就像當年我首次創業，在公誠證券推出網路下單，很快就得到市場的熱烈迴響，後來還把網路部門獨立出來成立新公司，可說是非常風光。但其實後續當我們想要把「公誠電子券商」的成功經驗複製到其他國家時，卻發現在台灣適用的那一套，到了不同的市場時居然完全行不通。

就好像華聯國際能夠成功拍出大受歡迎的電影《我的少女時代》，但當我數度向好萊塢叩門，原本以為天時、地利、人和各項條件齊備，哪裡想得到一下子市場豬羊變色，後來才發現我們根本不得其門而入，當初之

所以信心滿滿，其實是來自認識不足。

幾次經驗都告訴我，光是單一市場的成功經驗，很難複製到不同的市場。因為文化民情不同，這一次成功，絕不代表下一次也會成功，而等到我終於能夠領會這個道理時，其實早已經累積了一次又一次慘痛的失敗經驗，這是流下淚水與汗水，痛定思痛才能學會的教訓。

這些年我深刻的體會到，以前我所謂的強，並不是真的強，那是因為我擁有很多資源，所以可以比別人順利，所以才會好像做什麼事都很順，才能有那麼多成功經驗。但其實真正的實力，必須經過挫敗，只有想盡辦法一次又一次的克服挫敗後所產生的力量，才是真實的力量。

也因為有那麼多的失敗，我現在才能明白，原來，或許這話說起來輕描淡寫，甚至還有點老生常談，但直到累積足夠多的失敗經驗，多到來不及對於眼前的失敗驚慌失措時，下一個失敗又已來襲時，我才真正學到如何坦然的接受人生中必然會有的失敗。

身為一個文創企業家，我積極想在好萊塢為台灣電影闖出一點名堂，也曾和漫威之父史丹·李（Stan Lee），面對面討論合作的計畫。

第二部　學會同理心的中年大叔

——愛與信仰讓我進入新境界

4

從謝國樑，成為「小愛爸爸」

年輕時因為工作的關係，交了不少朋友，直到認識太太薇薇之後，我心裡才覺得：「就是她了！」

她讓我收起玩心，步入家庭，這麼多年來，我從來沒有過這麼篤定的感覺，所以才會一直等到三十八歲才結婚，我相信我們能夠相守一生。

就是她了，讓我篤定又自在

薇薇小我十歲，外型甜美又身材高䠷，笑容好純真，眼睛又大又靈活，看著她我自然就會跟著有笑意，她是我很喜歡的類型。當時我認識的對象其實不只她一位，其中也不乏外貌姣好的漂亮女生，但在實際相處的過程中，沒有任何人像和薇薇在一起時讓我感到那麼自在。

薇薇個性乖巧善良，凡事都以我為重，又很能理解我的工作以及身為公眾人物的難處，總是很願意配合我，是一個非常體貼的人，加上薇薇和我的家人也處得很好，我也很喜歡薇薇的爸爸媽媽，雙方家人的互動既舒服又協調，所以在和薇薇交往兩年多之後，我們就在二〇一三年登記結婚，決定一起攜手共度未來的人生。

我和薇薇雖然都想要小孩，但剛結婚的時候我們還想著過幾年小夫妻的生活，所以一直等到婚後將近四年，才迎來我們的第一個孩子。

二〇一七年四月，我已經四十二歲了，夫妻倆滿心期待著女兒的誕生，薇薇給未出世的女兒取了小名叫做「小愛」，她說女兒是承載著所有人的愛，在大家的熱切期盼下出生的孩子，所以叫「小愛」再適合也不過。

生命中最棒的事！

一開始我總覺得這樣的命名好像太直觀了，不夠有巧思，但等到孩子出生了，我才發現「小愛」這個名字，真的好適合女兒。不只因為她是在全家人的愛與祝福下誕生的孩子，後來我還發現每次當我看著她，喊著「小愛、小愛」時，內心就會油然而生出一股愛的力量；更感動我的，是與此同時，小愛總好像會把我給她的力量，又再回饋給我。

薇薇生產的時候，我全程在產房陪產，整個生產過程十分順利。我永遠都不會忘記目睹女兒出生的當下，看著她揮動小手小腳，用生命力十足的哭聲，大大宣告她來到這個世界的那一刻。那天我的心情激動不已，在確定母女均安後，我獨自一人回到薇薇待產的病房，在房間裡感動和感謝的心情一下子湧上來，就這麼忘情的哭了十幾分鐘，對於自己終於成為人父，興奮到有點不可置信，那樣的狂喜心情，我至今難忘。

女兒出生後，我沉浸在初為人父的濃濃喜悅中，迫不及待想把自己當下的快樂幸福跟所有人分享。記得我還花了一萬多元買了頂級巧克力，送給在薇薇生產過程中，協助照顧她們母女的每一位醫院及月子中心的工作人員。

我發現因為有了女兒，自己的生命竟然起了大變化，展開了另一段截然不同的風景。我再也不是那個瀟灑自在的謝國樑。

以前的我最愛自己，但自從有了小愛之後，我強烈的體認到這個世界上有比自己還更重要的寶貝，那就是我的女兒！我要傾盡生命之力，全心全意的照顧摯愛的女兒，我人生最重要的使命，也是最甜蜜的任務，就是陪伴女兒、守護女兒，我要看著她平安長大，成家立業，做她永遠的靠山。

從小愛誕生的那一刻，我就有了這樣的念頭，我知道自己想必是個有點瘋狂的老爸（笑），但我真的覺得能做小愛的爸爸，是無可取代的幸運，是我生命中最棒的事！

彷彿從雲端掉入地獄……

二〇一七年七月十七日，《鏡週刊》曾做過一則以「謝國樑為『新歡』關門痛哭十分鐘」為標題的新聞，報導我在結婚三年半後，終於歡喜迎來掌上明珠，升格成為父親。那時候我正處在新手爸爸的滿足與快樂中，同時身為一個到處飛行的電影企業家，日子過得可謂順風順水，就好像生活在雲端暢快愜意，一切可以說是心想事成又事事如意，簡直是king of the world。

但我怎麼也沒想到，時隔十一天之後，二〇一七年七月二十八日，老天爺就這麼毫無預警的，把我從雲端上狠狠的踹下來，讓我直接墜入闇黑的地獄中，飽嘗酸苦。

小愛一出生時做的聽力篩檢就沒有通過，一個月後再檢查，結果還是一樣。當時我們雖然有點擔心，但醫師表示有些新生兒的耳朵會被羊水堵住，所以短時間內聽力不佳，過一陣子就會恢復正常。雖然也不乏有其他

因為小愛，我曾經從雲端掉入深淵，但也是因為小愛，讓我懂得同理心，人生開始大翻轉。現在只要有機會，就會帶著小愛一起做公益。

可能的原因，但當時我們一致認為小愛不會有問題，因此就決定等到滿三個月後，再回診複檢就好。

小愛剛滿三個月，回去醫院複診的那一天，我一早就飛去上海出差，接近中午時間，我接到薇薇從台灣打來的電話，當她用無助又顫抖的聲音，在電話那頭告訴我，小愛被確診為先天性重度至極重度聽力損失時，我的腦子一片空白，整個人懵了，當下根本不知道做何反應，只覺得轟隆一聲，世界瞬間崩塌瓦解，整個人有如從雲端掉落最黑暗的深淵，整個躺平了。

記得掛上電話之後，我還是一一完成既定行程，但心情卻是慌亂了一整天，好不容易回到飯店，我既吃不下也睡不著，只能像無頭蒼蠅一樣的上網胡亂搜尋資料，從聽損、手語、復健、助聽器到電子耳……，我試著用關鍵字搜尋各種國內外的聽障治療方法，然後再囫圇吞棗的讀了一輪。愈讀我就愈揪心、愈恐慌，直到最後找到一段長達四十分鐘，實際拍攝電子耳置入手術的影片，我耐住性子全程看完，影片結束的當下，我突然回過神來，心裡只是不停的想著：「我懂了！完了！沒救了！就是這樣了！」接著我開始不由自主的掉淚，從來沒想過自己居然會經歷這樣的椎心之痛，我整個人難以克制的仰頭放聲大哭。

那一刻的我，居然就像每次在電影或電視劇中，看到戲中人物哀慟不已，悲傷到了極致時，經常會有的肢體動作和身體反應，我也像那些角色一樣，不由自主的痛哭失聲，傷心欲絕得像個孩子，整個人難以自持，久久不能平復。

走不出低潮，甚至感到厭世的那些日子

我一直認為先天性聽損應該跟家族病史有關，而我和薇薇的家族成員中，從來就沒有類似的病例，因此我壓根兒就沒想過，女兒怎麼會是先天性聽損患者？

毫無預警聽到小愛確診的消息，我的人生真的就像是被人猛烈地推到

深不見底的地獄裡，當時我還不知道有人工電子耳這樣的助聽輔具，對於聽力損失者的了解少得可憐，依然停留在聽障人士終身都只能用手語溝通的刻板印象中，我甚至也不知道聽損可以透過醫療、復健和輔具等外在協助，讓聽障者的聽力和溝通能力發展恢復到某個程度。

就是因為缺乏了解，所以我當時一心以為小愛可能終身都無法說話了。一想到女兒可能因為無法與外界溝通，她未來所要面對的種種困境和挑戰，就令我心如刀割、傷心欲絕，每每想到這裡，就無法控制的一直掉眼淚。

小愛被確診為先天性重度至極重度聽損這件事情，是我人生中最巨大的挫折。活了四十幾年，可以說至今所有的挫折加總起來的力道，都不及小愛是先天性聽損患者這件事所帶給我的打擊。

事情發生到現在四年了，小愛已經慢慢步上軌道，愈來愈好，但我一直還記得自己那段走不出低潮，甚至有點厭世的日子。

幸運遇見摯友詹斯敦

二〇一七年七月二十八日小愛確診後，同年八月四日開始配戴助聽器。出生三個月的孩子，耳蝸發育還不完整，當下無法確知能否開刀置入電子耳，所以要等到孩子出生滿六、七個月，耳蝸發育完成後，才能做進一步檢查。

小愛從出生滿三個月就已經確診，卻還要再等三、四個月才能進行下一步的檢查，這段期間我別無選擇，只能等待，只是這看似不長的四個月等待期，對我來說簡直度日如年，我整個人就好像行屍走肉一樣，一點元氣都沒有。

當時我覺得自己這輩子好像沒有任何希望了，我是如此珍愛我的孩子，老天爺卻讓我的孩子聽不到聲音，也無法說話，即使有些聽障的孩子可以透過手術治療，但小愛能不能開刀也還是未知數。等待檢查的那段期間，我常常覺得自己沒有什麼活下去的欲望，甚至曾經真的想過乾脆就這麼結束一切算了。

但我很幸運，在上帝的安排下，我在雅文基金會遇到一生的摯友——詹斯敦，從遇到他的那一刻開始，我不是一點一滴漸進式的變好，而是像變魔術一樣的突然重獲新生，他以既神奇又戲劇化的方式，把我從伸手不見五指的黑暗中拉出來，讓我得以瞬間再度見到光亮、看到希望。

最初小愛確診時，我實在沒有辦法告訴任何人發生了什麼事，我的身邊沒有任何朋友可以給我任何資訊。因為當時我所認識的朋友中，沒有任何人有過類似的經驗，所以一切都只能靠我自己上網摸索，當下我甚至連談論這件事情的能力都沒有。就連跟我很親近的哥哥嫂嫂，我也完全沒能跟他們提起。

我之所以會有這樣的反應，主要是因為當時小愛的情況還有太多不確定，一切都可能有變化，所以我心想就算講了也沒有用，沒想到後來認識詹斯敦，我才知道他也跟我一樣，我們都在孩子剛剛確診時，完全無法跟任何人提及這件事，只能一個人在黑暗中苦苦摸索。

詹斯敦最初知道兒子衛斯理被確診為雙耳極重度聽損時，他也是完全無法告訴其他人，直到衛斯理接受電子耳手術，開刀成功的隔天，他才終於能夠跟別人談及這件事。

一直以來，我在遇到問題時，無論是面對政治或商業的議題，第一個念頭就是去找出解決之道，我總是想方設法，讓一切可以在掌握之中，為了不要讓事情超乎預期，我習慣去找出可行的每一個方法，只有找到解決方案，我心裡才有底，才能放心。

但是當我收到小愛天生重度聽損這個消息，當下卻是毫無頭緒，束手無策，也因此我根本無法安下心來，只覺得自己無能為力，莫可奈何。

小愛徹底改變了我

經過了小愛的事情，我覺得自己的內在有了很大的改變。

我開始意識到並承認自己也有無法解決的問題，在我歷經脆弱到必須

詹斯敦（右二）是我在雅文基金會遇到的摯友，我們合寫了《千分之三的意義》，分享身為聽損兒爸爸攜手走過的成長路程。

仰天大哭才能釋放快要爆炸的情緒後，現在的我，再遇到事情時，雖然第一個反應還是會思考下一步該怎麼做、有哪些資源可以兜在一起、我要怎麼才能找出解決之道……，但不同的是，我已經學會讓自己保持更大的彈性，更能坦然接受意料之外、超乎預期的事情，而這樣的能力不只是在面對那些負面的事件時發揮作用，有時候也包括在發生意料外的好事——無論好壞，我都盡量讓自己保持平靜，不要失去理性。

可以說，因為小愛的事情，我的人生從根本上，無論是看待世界的方式，或是對自我的理解和期待，都有了質與量的革命性改變。

以前的我，是一個強勢的人，我什麼都要、什麼都不願意放、什麼事我都希望能夠控制得當，全世界我最在乎的人就是我自己，所有的決定我都以自己的需求為首要判斷標準，永遠把自己看得最重要，那時候我在意的，只有自己快不快樂。

當年的我，找女朋友總是找青春貌美、豔冠群芳的女生；熱愛出國旅行、遊歷世界的我，決定要行萬里路，看遍世上最美的風光，盡情暢快的享受人生。我自詡為一個受人尊重、年輕有為的國會議員，同時也是一個事業有成、交遊廣闊的成功企業家，除了出生在良好的家庭，有疼愛我的父母兄弟、不虞匱乏的物質環境、真心相愛的人生伴侶，在事業上也算是少年有成，我認為自己應該是很多人羨慕的人生勝利組。

但是成為父親，歷經小愛確診的那段黑暗年月後，過去那些我曾經非常重視和全心追求的榮華富貴、金錢名聲、生活享樂……以及曾經努力追逐的許多目標，居然絲毫無法引起我的興趣。

小愛就像是一個天使來到我的生命中，徹底改變了我。我從一個強勢、凡事自我中心又很懂得審度時勢，總是能夠找到最省時省力的捷徑，永遠可以做出最「聰明」的選擇，因而年紀輕輕就取得一些成績的幸運兒，變成一個心軟、愛哭，很能同理他人，沒有什麼個人欲望的中年大叔。以前那個在立法院砲火四射，口才便給的謝國樑再也不復見，有時候我甚至覺得自己好像變成一個完全不一樣的人。

有了小愛之後，我每天的生活都圍著她打轉，有些朋友建議我們再生一個，但基本上我現在完全沒辦法去思考這件事，我無法想像小愛多一個弟弟妹妹的話，她會怎麼看待這件事情。我現在也沒有渴望什麼東西，即使再去做那些以前會覺得很開心、很有意思的事，現在我從中能得到的快樂已經大不如前。

四十二歲前後，判若重生

某種程度來說，如今的我，可以算是死掉後再重生的另一個人。因為小愛來到我的生命中，我從身在雲端的狂喜，一下子掉入地獄自囚，卻又為了小愛而逼著自己一步一步爬回人間，那些痛苦掙扎的重生過程現在想來仍然讓我情緒激動，心酸不已，但卻又讓我充滿感恩，我知道這是上帝給我的生命禮物。

我不再是站在外圍看著弱勢團體或身心障礙人士，只能感到於心不忍的「旁觀者」。我是身心障礙人士的家屬，對於身心障礙者在日常生活中，甚至是生命中所要面對的不便、不足、不公平，因為成為小愛爸爸，我再也不會，也不可能置身事外。我該做的不會只是「關心」，因為關心沒有實質作用，在沒有做出行動之前，關心是沒有力量的。

回想起來，以前的我只為自己活，但如今我的想法和決策，都不是為了滿足我自己，我再也不是那個一直看著自己，一心只想著滿足自己的謝國樑了。

回首我的生命，也許可以用四十二歲這一年做一個分隔，四十二歲之前跟四十二歲之後，我的人生有了戲劇化的轉變，如果不是親身經歷了這一切，幾年前的我絕對無法想像自己會是現在的這個謝國樑。

現在的我，很明顯的感覺到我把自己打開了——我更能感受他人的感受，也很願意去理解他人的感受。我自己也因此變成一個情緒豐沛，多愁善感的人，甚至有好長一段時間，我動不動就會熱淚盈眶，連我自己都有點受不了，這也讓許多以前認識我的人，覺得謝國樑好像變成了另一個人。

是吧，我想我的確是從謝國樑，變成了小愛爸爸。

因為小愛，我不再是站在外圍看著弱勢團體或身心障礙人士，只能感到於心不忍的「旁觀者」，我從謝國樑成為了「小愛爸爸」，希望能用行動去幫助更多人。

5

進入全新的境界

我一向是個機靈的人，往往能及早看出事情發展的走向，也會在危機浮現前早早嗅出端倪，因此我總是可以巧妙的逃避掉那些比較辛苦的任務，對於那種很有價值、可以造福很多人，但需要長期投入，或即使投入了，也未必能夠有所獲得的事情，我一旦覺得有可能吃力不討好，往往就會閃躲得比誰都快，所以總是能夠早早脫身，遠離麻煩。

認識人的渺小，重拾生命動力

直到小愛被確診為天生聽力重度障礙後，我像是被老天爺狠狠甩了一巴掌，當下我才意識到個人力量的渺小，再也無所遁逃的被迫去正視，原來世界上有那麼多人力不可及的事情。也是因為小愛的關係，我認識了摯友詹斯敦，他是個虔誠的基督徒，在他的引介下，我認識了神，相信了上帝，受洗成為一位基督徒。

我是在二〇二〇年十月五日，也就是我四十五歲生日當天，正式受洗成為基督徒的。對我來說，有了信仰，讓我的人生彷彿重生，進入一個全新的境界。

在信奉基督之前，我並沒有明確的宗教信仰。過去我總認為人是自己命運的主宰，所以什麼事只要我夠努力、想得夠周全，一切應該都可以在掌握之中。我自認有足夠的「聰明」，也會為自己想做的事，負起應有的責任，再加上一直以來，我並沒有意識到上天其實是如此的眷顧我，比起大多數人，我擁有很多的幸運卻從不自覺，所以我一直認為是自己有能力又夠努力，才能讓事情總是按照我的規劃和預期發展。

直到小愛出生後，被確診有重度聽力損失，身為她的父親，我卻什麼也做不了，無論怎麼努力，都沒辦法改變這個事實，原本以為自己很有能力，什麼事都難不倒我，卻沒想到老天爺讓我從小愛身上，強烈感受到原來一個人的能力是那麼渺小、那麼有限。

感謝詹斯敦帶我接觸了上帝，因為有了信仰，讓我產生很大的安定力量，信仰不只帶領我走出小愛確診後那段煉獄般的日子，也讓我重拾勇氣，找回生命的動力，並且在歷經生命的巨大撞擊後，放掉我一直引以為豪的「聰明與機靈」，發自內心願意為需要的人付出，尤其是社會角落中許許多多求助無門的弱勢。

現在每當我虔心祈禱的時候，總會打從心裡感受到神的愛與力量，相信神一直在看顧、支持著我，即使是為了在生命中受苦的陌生人祈禱，就算不認識他們，但在祈禱的過程中，我也能感受到神的祝福與支持，進而得到平靜。

從小愛身上，我才感受到個人力量的渺小，在受洗成為基督徒之後，經常滿懷喜悅帶著小愛一起從事公益活動，只要和小愛在一起，我總是滿臉笑意。

享受純然為他人付出的喜悅

受洗成為基督徒之後，彷彿跟上帝有了連線，我開始有了源源不絕的靈感，總想著可以如何去幫助需要幫助的人，更奇妙的是我這些為弱勢服務的想法和 idea，有些甚至能夠跳脫既有從事公益活動的概念，可以和我的其他任務巧妙結合。

正因為在全然為了幫助他人而無私奉獻的過程中，自己居然也能因此受惠，這讓我更加相信，從事公益對我來說，與其說是付出，或許更是獲得。因為在從事公益活動的同時，我除了由於看到他人的痛苦減少，而跟著體會到發自內心的快樂外，在執行公益活動的同時，我竟然也能同時實踐其他想要完成的事情或想推動的計畫，這真的是意料之外的收穫。

一個很明顯的例子，就是我在猶豫要不要參與基隆市長選舉時，按照慣例，可以想像必然有許多競選的計畫和拜會。傳統跑選舉的方式，無非就是想盡辦法，跟最多的人握手、鞠躬、寒暄、跑攤……，而這些傳統的選舉活動，對社會或大眾產生的實質意義真的很有限，對我來說也不那麼有趣，因此我有些抗拒，不過後來我想到與其為了選舉才去做公益，有沒有可能反其道而行——我是為了做公益，所以來參與選舉。

從事公益活動讓我覺得快樂，連帶增加了我和民眾接觸的機會，近身了解民眾的需求。透過公益服務，我一方面可以幫助別人，另一方面也像是在推廣一場社會運動，讓民眾和我產生共鳴。這樣有別於以往的選舉方式，對我來說不但一點都不勉強，還帶給我很多歡喜。我所關注的焦點、想要達成的目標，因為出發點都不是為了我自己，而是去支持需要幫助的人，所以會有很多人願意和我一起想辦法共同完成。

當年在小愛確診後，我突然掉進黑暗的深淵之中，幸好有很多人伸出援手幫助我、支持我，在信了主之後，我更相信所有來自他人的幫助，都是神給我的幫助，是神讓很多很棒的人來到我的身邊，給我所需要的指引和支援。

我一直認為，絕大多數的宗教，都是在鼓勵人心向善，就像我受洗成為基督教徒之後，跟隨著神的帶領，盡全力去幫助更多的人，因為這是我的宗教要我做的事。一如我相信其他的宗教信仰，也會帶領著各自己的信徒，去做對於這個世界正向、有益的事情。

另一個更深的體會，是我發現當信仰灌注到內心後所產生的力量，已經超越宗教，而是因為有了信仰，會讓一個人充滿信心。即使在實際面、理性面……等真實生活情境中，每個人還是會有很多困難的時刻，各式各樣的風險和不確定因素其實從來就沒少過，但是因為有信仰，因為相信神的力量，所以我們可以不害怕，能夠始終抱持著信心，繼續去做想做的、應該做的事。

當我有了信仰，全心全意的相信神，相信所有的安排都是有意義的，在這樣的前提下，看待所有事情的角度就完全不一樣。現在的我，在面對困難或挑戰時，好像變得更有勇氣，以前總覺得這個不可能、那個不可行，但現在就算我想要做的事、我想達成的目標，明知道會面臨很大的阻力、會有很多難題，但我卻能看到隱身在眼前的困境背後，那個更遠的情境，那是把這些阻礙或問題一一克服、一一解決，達成目標之後所展現的美好。

因為我相信神，所以我有信心，只要我的起心動念是良善的，不是只為了我自己的個人欲望，那麼神一定會給我力量，讓我克服困境。我也告訴自己一定要帶著這樣的意識，時常提醒自己「我為什麼要做這件事」，千萬不要忘記初心，就算在最困難的時刻，只要能去看到完成時所能為這個世界帶來的美好，我就有勇氣拾起信心，繼續堅持下去。

信仰讓我成為一個「不恐懼的人」

有很多愛護我的前輩或友人，站在我的立場為我打算，總希望能幫我爭取最好的機會、保留最大的可能性，但這些盤算與謀畫，在有了信仰之後，就不再是我做決定時會考慮的關鍵因素。

就好像有很多人跟我說，如果要選基隆市長的話，最好不要太早討論基隆的歷史沉痾，比方已經歷經多屆市長，至今未能得到妥善處理的崁仔頂漁市場問題。

基隆市因為腹地小，早期為了爭取更多的空間發展，只好選擇與河爭地。當時位在孝一路和愛一路之間的「旭川河」，就在城市發展的過程中被加蓋填平，而崁仔頂漁市場就建立在旭川河河道之上。

由於早期沒有太多環保觀念，所以漁市場每日所產生的有機廢棄垃圾，總是直接投入旭川河中，累積多年之後，河床的汙泥及垃圾不但使得此處終年發出惡臭，更因為有機廢棄物所產生的大量沼氣含有易燃易爆的甲烷氣體，而成為基隆市中心一顆不定時炸彈。

這些年來有許多人大聲疾呼，要求基隆市政府必須盡早處理崁仔頂市場的問題，盡快整治周邊環境，著手拆除這顆未爆彈。只是崁仔頂市場的改建涉及許多立場不同的利益團體，一旦真的要著手規劃改革，絕對會順了姑意，失了嫂意，很難全面討好。

許多地方人士或長輩，基於疼愛我、保護我的心情，都力勸過我不要太早就對崁仔頂漁市場改建的問題表態，甚至認為日後就算當選了，也最好不要在第一屆任內就開始推動這個案子。但從基隆長遠發展的方向思考，如果我真的能成為基隆市長，我還是很希望崁仔頂漁市場的問題能夠盡早著手處理，這才是全基隆市民之福。

前台東縣長黃健庭是我很信任的大哥，也是虔誠的基督徒，我受洗時他也在現場見證。有一次我去拜訪他，他跟我分享身為基督徒的心情。他說因為信仰基督或相信主，所以眼前的這一切都只是過程，最後我們都是要前往天國，跟我們最喜愛的人，還有跟神在一起，只是在去到天國之前，過程中如果我們所做的事情愈有意義，就會得到愈多的祝福。

因為知道我們的結局都是要去到神的身邊，那在這中間行走的路程，我們好像就可以比較不膽怯、不害怕，只要提醒自己，有一天我就是要做天上之人，那麼當下的我是不是在選市長、在執政、在推法案，甚或在重新改造一個地方，都不必要有那麼多的膽怯。

健庭大哥說他如果還有膽怯，也不是因為擔心自己做了什麼會被否定的事，或是擔心影響接下來的政治生涯。健庭大哥說：「我們在地上所做的，一切都是為祂而做！」他用「與神同工」來定義自己的從政生活，因此他堅持做對的事情，其他的就交給上帝。

健庭大哥在台東縣長任內，一心一意想為台東做事，只要為了台東好，即使有些政策初期可能招致民眾的反對，他也不會退縮，最明顯的就是改變原本免費提供兒童營養午餐的政策。一開始反彈聲浪很大，但健庭大哥將省下來的開銷用來打造更優質的校園環境，家長們後來看到政策效益以及隨之而來的正向改變後，態度也從原本的反對，轉為大力支持。健庭大哥知道自己在做什麼，他說自己在神的帶領下，既沒有恐懼也不害怕，因為對他來說，在去到天國之前，只要能夠做有意義的事，那麼過程中的紛紛擾擾都不算什麼。在他的努力下，台東得以翻轉，甚至還曾獲得台灣幸福縣市第二名的成績。

聽了健庭大哥的分享，我也決定把我該做的事情交由我的神來安排，未來的我，就是把自己交給上帝。尤其在我親身見證，自己因為信仰神，

前台東縣長黃健庭也是虔誠的基督徒，他勉勵我只要堅持做對的事情就好，其他的事就都交給上帝。

在神的帶領下，才能走出曾經幾乎讓我滅頂的生命困境。相信上帝會有最好的安排，而我也終將會知道，上帝對於未來的我，做了什麼樣的安排。

開放自己，讓神的力量進來

當初是因為小愛被確診重度聽損，讓我毫無招架之力，被一拳打趴在地，但也是因為這樣一個天大的難關，因緣際會的讓我在克服這些困難的過程中，認識了神、接觸到神，這對我的人生是極為關鍵的改變，甚至讓我對於「恐懼」這件事情有了截然不同的理解。

有了信仰，讓我從面對恐懼的無助、脆弱、毫無生氣，到現在面對恐懼時，即使還是怕得要命，但同時也會有真實的信心，從內在一點一點生出來，於是我可以帶著這樣的信心，去做更多我覺得重要也應該做的事情，這也是我現在做判斷時，最核心、最關鍵的焦點。

台灣社會的宗教自由又多元，雖然有很多宗教活動，但多數人並沒有特定或強烈的宗教信仰，但即使每個人的信仰不同，但我相信我們對於某種美好境界或是人生在世的種種期待，其實大多數人都是相似的。

我現在除了持續努力、全心投入，另一方面我也不時提醒自己：要開放自己，把那些束縛自己的種種限制放開，讓神的力量可以進來，讓我有勇氣去做每一件對基隆好的事情，不用考慮自己。正是因為有了信仰，我覺得自己有了更大的勇氣。

在成為小愛爸爸之後，我開始近身接觸許多身心障礙團體，當我試著以自己的力量，去幫助改善弱勢團體的生活困境，或是解決一些生活上的不便時，才發現一個人能做的實在很有限。雖然相較於許多人，我其實已經擁有很多資源，但當我真心想要推動一些事情，為弱勢團體做出更多努力時，才深刻的體認到，只有回到公共領域，集結眾人之力，才能夠有足夠的力量，去做出真正有意義的改變。

這也是為什麼我會在離開政壇多年後，決心重回公眾領域。

在思考是否回歸政界時，不是沒有掙扎。我知道面對的將是嚴厲甚至殘酷的質疑，這是一條辛苦難行的道路，但我覺得不該也不能因為困難重重，就放棄去做真正該做、值得做、必須做的事。

所以我決心重回政壇，如果我的主安排我去做基隆市長，我就好好的做、盡心盡力的去做到最好，但如果我的主有其他安排，我也坦然接受。端看主怎麼安排，我就怎麼做，我相信主自有主張，所以我不急，我只要準備好我自己，其他的事，就是等著把自己完全交出去。

我現在每天都過得很有依靠。盡我的能力去支持不同的人，幫助需要我幫助的人，這讓我發自內心的感到快樂。因為信仰給了我「不恐懼的力量」，讓我有極大的信心和動力，要在過程中發揮自己最大的可能性，去創造最大的價值，讓最多的人得到祝福或協助。

我相信只要起心動念和我所追求的價值是良善的，那麼無論中間有什麼樣的困難或挑戰，終究可以一一克服，達到目標。我也希望自己未來如果有機會成為基隆市的大家長，能夠在這樣的信念下，把基隆打造成為一個讓所有人都嚮往的，充滿愛與幸福的城市。

「小愛公益樂園」有各種溜滑梯、氣球等遊樂設施，免費提供給弱勢孩子遊玩。

6

當同理心與創意結合

在我決定參選基隆市長後，有很多人問我為什麼早在兩屆之前，我就一直被勸進參選基隆市長，但當年我卻毅然決然的拒絕，甚至毫不戀棧的離開政壇。卻在事隔多年後，又決定重返政壇，投入基隆市長選舉。

給小愛一個充滿愛與幸福的未來

像這樣出走多年，再回來重拾舊業的情況，有些時候是因為離開之後的路，走得並不順遂，所以只好選擇回頭。不過我在卸下立委身分後，其實很順利的轉型成為創業家、企業主，也做出還算不錯的成績，所以此番選擇回來參選基隆市長，的確會有很多人感到不解。

我想，這跟我從謝國樑變成了小愛爸爸，有很大的關係。

因為小愛，我打開了生命的另一扇窗，看到過去從來未曾近距離親身了解、甚至難以想像的世界。現在的我可以為了小愛，去做很多利他的事，為了能讓小愛生活在一個更美好的社會、一個更和諧的世界、一個充滿愛與幸福的城市，我發自內心的想要幫助他人，如今我一旦知道自己能夠為需要的人做些什麼，在能力許可的情況下，我就會盡量去做，如果有人需要我的幫助，我就盡力去幫。

在我認識了主，受洗成為基督徒後，我強烈意識到自己原來有很多能力和資源，是神要透過我來履行祂的意志，要我去幫助他人，因此所有我從小到大成長、求學、從政、經商的學習與鍛鍊，在過程中所累積的經驗與資源，如果要能得到最好的發揮，可以為最多的人謀求最大的幸福，那麼去爭取成為基隆市長，就是我現階段最好的選擇。

如何打造一個友善身心障礙者的城市？

因為小愛的出生，我成為人父。女兒降生的喜悅很快的在女兒被診斷出天生聽損的問題後，成為我最大的痛苦，那時候我才知道原來人可以不快樂到這麼可怕的程度，而這樣絕望的心情，竟然是很多身心障礙者、低收入家庭……，許多身處在困難中的人，每天都有的心情。

正是親身實際走過那段路，所以現在的我更能苦民所苦，因為那樣的感同身受，並不是身為旁觀者的角度和心情，而是同樣有過切身之痛的真實體驗與理解。我深切希望小愛在成長的過程中，在需要協助或支持的時候，能夠遇到善良熱心的人，願意伸出援手，給出溫暖。

很多時候，一點小小的體貼或設想，一個不太費力的舉手之勞，就能為身心障礙者解決很大的困擾。一路陪著小愛成長，我開始用以前沒想過的角度行走在我從小到大熟悉的城市空間，突然發現這個城市還有很多可以為身心障礙者設想的事，而這些事未必需要耗費大量金錢或投入太多資源，有時候只要多一個巧思，多一份溫柔，多一些理解，多一點同理心，就可以讓身心障礙者的日子過得比較流暢、比較不費力。

基隆一直是一個兼容並蓄的地方，基隆人從來就有著極大的包容與溫柔，我相信主政者只要願意邀請市民，對身心障礙者更體貼、更關心，那麼基隆人一定會一呼百諾，讓基隆成為全台灣，甚至全亞洲對身心障礙者最友善的城市。

因為信仰，我的生命得以重生

基隆市七堵區實踐里里長吳麗如女士，和夫婿在基隆當地服務長者幫助弱勢多年，很多基隆人都認識她，因為我們都是基督徒，所以後來也成為好朋友。二〇二〇年某天，她傳給我一支影片，那是一〇一教會的李姓牧師受邀到基隆崇信教會傳道的內容。影片中李牧師主動提及有一位一九七五年十月五日生的弟兄，要開始從政治的山頭帶領這個城市往前，隨後李牧師帶著大家禱告，希望神把祂的心力持續澆灌在這個弟兄身上，禱告這個弟兄能成為這個城市的僕人。

看到這支影片的時候，我真的非常驚訝，我當時未曾去過一〇一教會，也從未踏進崇信教會，與李牧師素未謀面，甚至在看到影片之前，我根本就沒有聽過他的大名。但是一九七五年十月五日，正好就是我的生日，而當時我也的確在考慮要不要參選基隆市長，只是還沒有做出最後決定，所以當我收到麗如姐妹寄來的影片，打開來瀏覽的當下，我除了嘖嘖稱奇之外，也因為這樣的奇異恩典而深感蒙福。

我曾經有好幾年因為求學、工作的緣故，必須在國外生活，成年後我也去過不少國家，造訪世界各地大大小小的城市。對我來說，一個城市最大的魅力，並不是擁有高知名度，或是建築華美、歷史悠久。真正吸引人，讓人身在其中就能發自內心的感到安定喜悅，離開時還會想著此生一定要再訪的城市，往往是一個友善、親切、舒服，讓來到這裡的人感覺到自在又溫暖的城市，而那樣的城市，對我而言，無非就是一個愛與關懷的

造訪過世界各地的城市，我認為一個充滿愛與關懷的城市，讓人安心又自在，才是一個有魅力的城市。

城市。

小愛出生之後，我有機會參與很多跟慈善公益有關的事務，近距離深入了解因為身心狀況或各種外在因素影響，導致有某些匱乏或較為弱勢的個人或族群，在生活中可能因此面臨的困境與難題。

因為信仰上帝，我的生命得以重生，那麼我就應該發揮自己的力量，去做更多有意義，能夠幫助到需要幫助的人，可以讓這個世界更美好的事情，而我最熟悉也最心愛的故鄉基隆，或許就是最好的起點！雖然我知道重新回歸政界，勢必要先面臨逆風而行的艱辛與崎嶇，但我如果因為害怕而不踏出去，那麼我許多想為弱勢團體與身心障礙人士推動的計畫，也許根本沒有落實的一天，那我非但辜負了神對我的祝福與恩典，也無法實踐我想為小愛創造一個更好的未來這個承諾。

也是在親身參與的過程中，我才慢慢體會到，雖然弱勢團體有許多現實生活中的問題要解決，但這些具體的、實際的、物質上的不足或不良，有很多方式可以改善或提供，例如來自公部門或民間團體的挹注雖然立意良好，但是很多時候，這些實質上的「資源」，能夠真正「支援」的卻很有限，反而是那些抽象的、內在的、難以言說的需求，往往才更關鍵、更難得，而要能滿足這部分的需求，最重要的就在於是否能夠具備「同理心」。

「同理心」是一種能力

「同理心」絕不等於「同情」。同情常常只是情感或情緒上的感性共鳴，但「同理心」卻是在感同身受外，還有一種體貼又務實的「設身處地」，能夠真正易地而處、換位思考，對於正在受苦、或是需要協助的一方，可以用將心比心的態度去理解對方的需要與困境，並且意識到每個個體有其獨特性與多元性，因此必須尊重每個人的選擇與決定。

所有的人都有需要被「同理」的時刻，但並不是所有的人都有同理他人的能力。一個「愛與關懷的城市」，必然是一個能夠同理他人的城市；

而要做一個愛與關懷的城市市長，具備「同理心」，絕對是必要的基礎條件。

我曾經是一個同理能力不足的人，因為當時的我，總是把重心放在自己身上，我的所思所想往往以我自己的需求為主，我習慣性把焦點放在自己身上。雖然我自認是個善良的人，也很樂意幫助需要的人，加上身為民意代表，服務大眾自然是我的職責所在，只是我雖然樂於服務公眾，但在還沒有成為小愛的爸爸前，我其實不太會意識到在我們為他人付出之前，必須先要有「同理」的能力。

可以說我是因為有了小愛，在面對小愛天生聽損的事實後，陪著小愛在治療、手術、復健……等過程中，一次又一次以身障者家屬的心情和角色，親身體會到人在脆弱的時刻，承接來自他人所給予的物質或精神協助時，會產生的各種想法、心情與感受。

也是在那些過程中，我才真正意識到，缺乏同理心的付出，對於受助的人，不但未必能夠幫上忙，甚至還可能造成傷害，可能讓人完全感受不到善意，說不定反而引起令人不舒服的負面感受。不過同理心既然是一種能力，那麼只要願意，我相信同理心是可以培養、學習，進而愈來愈能有所發揮的。

以我自己為例，在還沒有親身參與那麼多公益活動之前，我對所謂「做公益」的想像其實很狹隘。

起初我以為弱勢團體需要解決的問題都和資源分配有關，但後來才發現大多數的弱勢團體最希望的是能被同理，能夠有人願意了解他們的難處；其次則是希望大家幫忙解決一些日常生活中所面臨的困境，例如交通、就學、就醫……等問題。我接觸的所有弱勢團體，沒有任何一個人開口跟我要錢、要資源，他們都只是希望能改善目前生活所遇到的某些處境或遭遇。

公益關懷初體驗——不該只是給錢

二〇一八年六月十二日，這一天對我意義重大，那是小愛開刀植入電子耳的日子，很慶幸手術順利完成，我的內心充滿感恩，手術後隔了一、兩個月，小愛的反應都很好，後續的行為聽檢也改善許多，我總算能鬆一口氣。

當初我為了讓小愛手術順利，能夠得到最多的祝福，甚至自願放棄使用健保的保留名額來進行小愛的人工電子耳手術，因為我知道健保在這部分有一定的預算，我希望能把名額保留給真正需要的人，所以我決定自費支付電子耳手術的費用。我也跟上天祈禱，請把電子耳賜給需要的人。對我來說，只要能讓小愛的手術多一點點的順利，讓我付出再多，我都願意去做。

我從原本充滿不確定，感覺諸事不順的狀態，一直到小愛手術成功，幾乎可以確定日後小愛可以聽得到聲音，可以慢慢學習說話，可以朝較為正常跟健康的方式成長了，我才久違的有了快樂的感覺。這些快樂對我來說，彷彿像是去到天堂一樣，我內心的感謝和喜悅強烈到好像要爆炸一樣，我實在不知道如何表達這樣的感謝，所以我就做了一個一般有點事業基礎的男性，想要回饋社會、貢獻己力時，直覺上會採取的行動。

記得我當時跟基隆市政府聯絡，請市政府提供需要幫助的適當對象，市府同仁從一千多個中低收入戶中，統計出有六歲以下小孩的中低收入家庭約有兩百多戶，我給其中的一百戶家庭，每一戶捐贈了一萬元。記得捐款後，我們還特地去拜訪部分家庭，我和小愛帶著一些玩具去不同的小朋友家裡玩，小愛也認識了很多新朋友，大家互動往來得很開心，當時還拍了很多照片。

這次捐款之後，我雖然感到極大的喜悅，但很快的我又繼續回歸忙碌的工作與生活。我記得有個朋友也跟我有類似的體驗，他也是因為個人因素很感謝上天，很想做些什麼回饋社會，但又不知道從何做起，所以最後他也是選擇捐款，而他的家族更龐大，資源更充沛，所以他捐了一大筆錢來表達他的感恩。

這是最初我還沒能深入了解慈善公益服務時，因為想感謝很多人，希望能做出一點回饋。因為沒有太多經驗，所採取的方式直接又老套，回想起來，這也是我從事公益活動所踏出的第一步。雖然現在再回頭來看，我其實有點不好意思，不過我的心意滿滿，誠意十足，這一步，也開啟了我日後積極投入公益活動的契機。

等到我漸漸深入了解不同弱勢團隊的需求，近身協助解決各種問題後，我對慈善公益的想法與行動，便有了更細緻、更務實、更有同理心的做法。

在小愛電子耳手術成功，我以捐款來表達感謝之後，也就繼續回歸日常忙碌的工作，直到隔了一陣子，有個朋友跟我提起，他說我其實有很多力量，應該可以思考如何運用我所擁有的資源和能力，去幫助更多的人。我覺得這個朋友說得很有道理，加上我當時已經受洗，我相信這也是神會支持我去做的事，所以我就開始更加積極投入，參與公益活動。

二〇二〇年十二月，與特殊孩童的家長們在國立基隆特殊教育學校（以下簡稱為特教學校）晤談合影。右起為特教學校家長會副會長彭芬蓮、基隆市家長會總會長李正文、特教學校家長會會長簡惠婷，左一為特教學校家長會前會長莊國治。

同理心也有「負作用」

這幾年親身參與公益活動，與不同的身心障礙團體接觸後，我的人生有了很劇烈的變化，我看待世界的角度和對生命的想法的確有很多不同，雖然我因為成了小愛爸爸，而感受到前所未有的滿足與幸福，我的內在也因為有了信仰，而感到踏實有靠，但有很多老朋友私下跟我聊到，他們覺得我現在似乎不像以前那麼快樂，甚至感覺我好像有點沉重，整個人都輕鬆不起來。

原本我並沒有留意到這個問題，直到滿多朋友都不約而同跟我提到這件事，我才很認真的想了這個問題，我想知道自己現在為什麼會變成這樣。思考許久，我後來總算意識到，我似乎真的沒辦法再用以前那樣的眼光來看待這個世界，也的確再也回不去那個曾經意氣風發、覺得一切都在掌握之中的我，我不再認為人生的順利是理所當然，所以對放膽開心痛快的狀態也失去興趣了。我之所以會有這樣的改變，或許正是因為我有了強烈懂得同理他人的能力與心情。

懂得同理他人，強烈意識到這個世界上還有好多好多人，一直在承受極大的痛苦後，我才發現原來一個人太有同理心，居然也會有「負作用」。

記得最初小愛確診的那幾個月，我整個人就像是行屍走肉一樣，原本在工作中如魚得水，天天都活力滿點的自己，彷彿被針戳破的氣球一樣疲軟無力。直到在雅文基金會遇到詹斯敦，當他告訴我比小愛大一歲的衛斯理，也是天生重度聽障的孩子，但在成功完成電子耳置入手術後，現在的衛斯理不但可以聽得見，還能夠像一般孩子一樣成長、學習，跟外界溝通互動也沒什麼問題。當時我就像是溺水掙扎的人，突然抓到一塊浮板，有了獲救的希望，而當我親眼見到衛斯理活潑健康的樣子時，更像是終於從水底衝出水面，總算能呼吸到空氣了。

這段歷程，讓我驚覺原來人可以不快樂到那麼可怕的程度，有些困難真的可以把人逼到絕境，像我這樣其實算是支持系統很穩固，擁有很多資源的人，一旦身處在絕望難過中，都會低潮到厭世的程度。所以當我好不容易走出那樣的黑暗幽谷，就不由得會想著：我寧願不要那麼快樂，也不要再一次經歷那樣椎心的痛苦。

正因為曾經深陷在那樣的痛苦中，所以我才意識到，世界上有那麼多身心障礙者、低收入的家庭、身患重疾的病患⋯⋯，各式各樣在生命最底層、最黑暗之中掙扎喘息的人，他們還在承受多麼大的痛苦，甚至根本看不到盡頭⋯⋯。光是想到這些，就讓我沉重不已。

所以很多朋友說，現在的我好像再也快樂不起來，這樣的說法或許並沒有錯，因為我實在不敢再像以前那麼快樂了。就是因為我曾經嘗過強烈的苦，所以我能同理世界上還有很多人的生活很悲慘⋯⋯一想到還有這麼多受苦的人，我就實在無法快樂得起來。

我以前就是那種過得很爽、很開心的人，可是現在的我，再也不敢那麼爽、那麼開心了，因為我體會過那種苦到骨子裡的滋味，讓我現在不敢再像以前那麼天真的活著。

以前我很拚、很有自信，覺得沒有什麼困難不能克服，但如今我不敢這麼自大了。就算給我再多的自由，我也沒有辦法像以前那樣縱情的生活，因為真正苦過的人，是不敢太放肆的。

如今當我看到他人在受苦，很多時候就好像是我自己也在受苦。現在對我來說，平安就是一種快樂，只要不再經歷那麼沉痛的悲傷就好了，只要我的家庭、我身邊的人，都能夠平平安安、健健康康的過日子，對我來說也就很值得感謝，真心滿足。

不止如此，我甚至還有能力去幫助別人，這都是上天額外給我的，多出來的機會。現在看到別人很辛苦，我如果能有餘裕為他們做點什麼，就會讓我感到欣慰。

因為當我接觸到這些朋友時，就不得不想起自己也曾經處在那樣無助的狀態中，也許是因為小愛的事情到現在還不是太久，那段過程還依然鮮活，我不敢放鬆，尤其在我發現原來很多人的生命常態就是如此，我實在沒辦法裝做不知道而自顧自的高興起來。

盡力而為，相信一切都是最好的安排

在幫助不同身心障礙的朋友時，有時候看到他們真的很辛苦，會很令人難以承受。剛開始頻繁跟他們接觸時，每次互動結束，即使已經離開了好幾個小時，我的心情還是很難平復，會一直陷在低潮中，後來我學會讓自己抽離，不要沉溺在那些情緒中，因為情緒太滿，有時候反而讓人什麼都做不了。

所以我告訴自己，要效法醫院的醫生，就算生老病死不斷在眼前上演，我能做的，也只是盡力而為。在回歸日常生活時，我還是要學著放輕鬆，不然一直被情緒拖著，最後只是讓自己失能，連自己也很難顧好，又怎麼能夠去照顧他人。

也是因為這樣的經歷，現在再回去思考政策，跟以往沒有經歷過這些的自己，看待事情的角度完全不一樣。

現在我幾乎每一天都會接觸到不同障別的弱勢團體或個人，我感受到主把我放在這個位置，自然有祂的用意，所以我現在就是好好的做、盡心盡力，因為認識了主，也因為有了小愛，讓我感受到冥冥中自有安排，而所有的安排，都是最好的安排。

未來我能否成為基隆市長，或者主安排我以小愛爸爸的身分，繼續專心一志的從事公益活動，又或者兩者皆非，主還有其他的想法，雖然我現在並不知道答案是什麼，但我深刻的感受到自己下半輩子，都不會放掉小愛爸爸現在幫助弱勢、為需要的人伸出援手的這些事情。

因為我相信，小愛爸爸做得愈好，尤其是在公益面上，我的小愛也會得到更多、更好的祝福，我也要好好教育小愛，讓更多像小愛這樣的孩子，以及跟我一樣的父母，都能看到未來的希望。也因為有這樣的信念，所以現在我做什麼，無論有什麼樣的困難，我都有信心可以克服。

每個人在人生中隨時都可能出現極度脆弱、陷入低潮的時候，就像我曾經生活在條件很優沃的環境中，卻遇到一個很突如其來的打擊，讓我一下子差點承受不住，但回頭再看，我現在會覺得，或許我就是需要有這些歷程與感受，才能更貼近他人、更懂得同理他人。

用有創意的方法，做有意義的事

最初開始投入關懷弱勢時，來找我請託的對象，絕大多數都是利益團體、公會團體或勞工團體，對我而言，這些單位並不是我最急切想要幫助的那些極度弱勢者。

投入選舉的過程中，隨著局勢的起起伏伏，我的心情難免受影響，有時候也會有很深的挫折感。記得有一天我的心情不是很好，那天晚上禱告時，我跟主說：「主啊！現在我有一點不開心，因為我其實很不喜歡那些形式上的、沒有意義的經營。但看著局勢的變化，有時候實在不知道自己到底在做什麼，也不知道我還能做多久……。我只知道我對有些事情很厭煩，主是不是可以賜給我更多的力量，讓我更從容、更有智慧的去面對這些事情，讓我知道該不該繼續，又或者知道該如何繼續下去呢？」

也就是我跟上帝祈求，如果我決定參選，是不是可以引導我找到一個更好的方式，真正有意義的為他人做出貢獻，去幫助需要幫助的人，而不是只能依照傳統上、形式上的，那些一直以來地方慣性的競選模式參選。

打造一個全亞洲對身心障礙者最友善的城市

等到我決定回歸政壇，重新投入選舉，再為地方服務後，我開始對許多傳統的地方選舉方式產生強烈的抗拒，因為我總覺得自己好像老是在做一些重複、卻又不太具有實質意義的事情，所以那時候我的禱告，就是希望神能給我力量，讓我有勇氣去做自己覺得真正重要、有意義的事，這樣即便最後沒能選上，也沒有關係，但我希望我的投入，能夠真正幫助到需要幫助的人。

我當然還是有既定的選民服務要做，也一定會站在地方永續發展的角度，為相關議題發聲，這些事務都是政治的一部分，也是身為政治人物的責任，因為既然決心爭取成為基隆市長，那就必須善盡職責，好好完成。但我同時也跟神禱告，請祂指引我，讓我能找到更有效的方法，去幫助更多的人。

奇妙的是，在我虔心禱告沒多久，某一天我突然靈光乍現，我在想，如果我真的成為基隆市長，是不是可以做些什麼，或者能夠推動什麼樣的政策、理念，好讓基隆這個城市，給人的印象之一，就是一個充滿愛與關懷的城市。

如果上天給我機會，讓我成為基隆市長，那麼我任內最重要的任務之一，就是要盡可能的去幫助許許多多我所看到、理解到的身心障礙弱勢民眾。我想做的不只是給予經費，我更希望能創造機會，讓弱勢團體有機會自立，可以證明自己也能在社會上貢獻一己之力。我想打造一個更友善的環境，開創更多的可能性，例如協助身心障礙人士去媒合適當的工作，或是解決生活中的難題。

大魯閣企業協助放置兩台公益投籃機在「基隆伊甸新豐小作所」，我特別邀請好友藍鈞天（右三）和一群孩子們來投籃同樂。

推行「天使友善」政策，讓基隆充滿愛與幸福

我當時的想法比較直觀，天馬行空的想到說，如果今天我成為基隆市長，有沒有可能就撥出一點預算，給身心障礙人士一些「天使關懷券」，而這些關懷券等同現金，可以在取得認證的商店中消費。

我想到的是去讓有興趣的店家透過一定的程序認證，取得身心障礙人士友善標章，只要在店家大門貼上這個標章，任何身心障礙人士就可以以天使關懷券在店裡消費。而要取得天使友善標章的店家，必須樂於接待身心障礙人士，為身心障礙人士提供許多貼心的服務。例如為了讓肢體不方便的客人來店消費，室內外的動線設計以及無障礙設施，都應該能夠做到方便輪椅出入。這就好像有些餐廳特別歡迎小孩，會打造兒童遊樂區，我們也可以打造一批天使友善的商店，讓身心障礙人士在取得天使友善標章的商店裡用天使關懷券消費。

不管是讓行動不便的人士搭乘計程車，或是身心障礙者到天使友善的

餐廳用餐，都有助於這些店家或營業人有更多生意可做，同時還能提升整個城市對身心障礙人士的友善與協助，並且也讓大家更能確信基隆是一座愛與幸福的城市，進而吸引更多其他縣市，甚至是世界各國人士來到基隆，親身體驗基隆人的熱情與溫暖。

如果這個計畫真能落實，透過一筆預費，或許就可以帶動一個產業的循環，進而打造基隆成為台灣最有愛的城市，甚至以「全亞洲最有愛的城市」為基隆市的發展目標，一旦推行順利，基隆的城市特色會因此被凸顯出來，吸引全世界遊客來到基隆，親身體驗這個愛的城市直達人心的感動。

全世界各個國家都一定有身心障礙人士，以及為了身心障礙人士而成立的團體、單位，為了推廣基隆是一個愛與關懷的城市，市長可以去不同國家、不同城市演講與分享，邀請身心障礙或行動不便的人，來基隆這個最有愛的城市旅行、參訪。這是我真心想要推動的政策，我相信基隆市民也會以身為一個如此有愛的城市一份子，而發自內心感到驕傲。

正是因為有了「天使關懷券」和「天使友善店家」這樣的構想，我更積極去認識與了解各式各樣的身心障礙弱勢團體，雖然以前或多或少也有接觸到，但並不像現在這麼深入且持續的去了解。現今包括自閉症、聾啞協會、脊髓損傷協會、智障者家長協會……等單位，還有特教學校等機構，我都一一串連起來，跟大家保持聯絡，經常有深入的對話和互動，一方面了解他們所面臨的困境，傾聽他們的需求，一方面也盡力協助解決不同的問題。

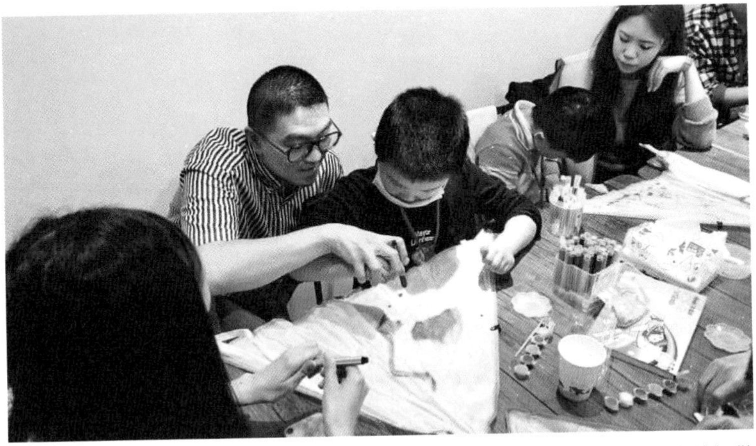

看到弱勢朋友的辛苦，會很感謝上天額外給我的機會，如果我能有餘裕為他們做點什麼，會讓我感到欣慰。

第三部　逆風前行，為下一代找方向

——因為基隆是充滿愛與幸福的城市

7 以實際行動同理弱勢

我是個很一致的人，我討厭偽裝，而且也偽裝不來。相較起來，我覺得真誠比較簡單，無論是做人還是做事，真誠之於我，是一個最適合我的選擇。雖然起初是因為覺得比較容易，所以選擇真誠。但後來慢慢發現，一旦把真誠的能量灌注到公共事務上，所能產生的作用和回饋，經常遠遠超乎預期。

「用腳追夢的女孩」

二〇二一年初，辦公室來了一位實習生欣宜，她有個很特別的稱號叫做「用腳追夢的女孩」，因為腦性麻痺，四肢只有腳能使力，即使如此，她也沒有放棄自己，不但苦練到可以用腳控制搖桿，甚至還能用腳獨立做很多事情，無論用ＬＩＮＥ發訊息，或是做些文書工作，都難不倒欣宜。

最早其實是欣宜的媽媽請我幫欣宜找工作，但因為我對欣宜的認識有限，不確定她適合什麼工作，有點找不到頭緒，想了很久，決定請她先來我的辦公室實習，這樣我才知道什麼工作比較適合她，後續才能幫她媒合到真正適當的工作。

為了欣宜來公司實習，我的辦公室做了很多準備，除了購買專屬的行動輪椅，還特地整理出一個比較寬敞獨立的空間，方便行動輪椅的進出。因為她的座位旁邊有一個小孩的遊戲區，我們除了讓欣宜處理文書工作，還請她幫忙看顧小孩，隨時有狀況就告訴我們。

我想很多民意代表都會強調自己樂於幫助弱勢，但又有多少人真的能夠有所行動？我之所以這麼做，是覺得如果我不先接納欣宜，不去了解她的特質和專長，頂多就只能透過關係，請熟人聘用她，但這樣並不能真正

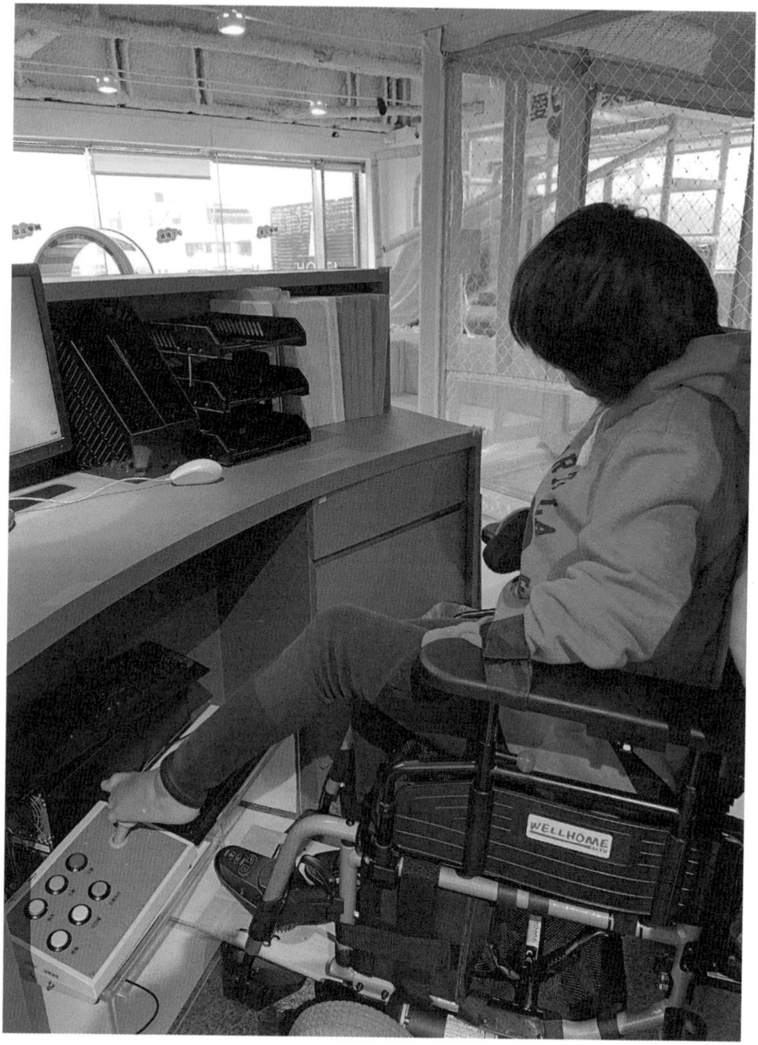

在我辦公室服務的欣宜，因為腦性麻痺，四肢只有腳有功能，我們特別為她整理出一個專屬空間，方便她用腳操作。

幫上欣宜的忙。

靠交情請熟人幫忙，對欣宜或對我的朋友都不盡公平。我認為先了解她的能力和特質，能做到什麼程度，再幫她引薦真正合適的工作，才是負責的態度。對我來說，這才是同理心，不但是對「用腳追夢的女孩」有同理心，對我引薦的單位也是。

欣宜在我辦公室的實習結束之後，已經從實習生轉為正職，繼續留在我的辦公室裡服務。

協助身心障礙者爭取在地醫療資源

需要受到支持的弱勢團體很多，這些年基隆市在各個身心障礙團體、非營利組織以及各方熱心人士的共同努力下，很多事情都慢慢有了改善。我在向這些單位互動請益後，親身參與並盡力提供協助，也的確幫助了一些需要幫助的人，過程中所感受到的鼓勵與快樂，比起當年創業成功或是立委連任，帶給我的感動都更為強烈。

現今基隆市對於身心障礙者的協助明顯不足，以醫療資源為例，身心障礙程度比較嚴重的基隆市民，如果需要看牙醫，即使只是一般例行的洗牙，也無法就地在基隆接受治療，往往需要特地跑一趟台北，才會有「身心障礙者牙科醫療服務」的特殊需求牙科門診，但資源的不足並不限於牙科，還有很多面向都有很大的進步空間。

曾經有人跟我反映過，雖然基隆離台北市這麼近，但基隆市的身心障礙照護資源，根本就跟偏鄉差不多，可以說資源分配真的很不平均。

之前因為想多了解基隆在地身心障礙的孩子，在受教或是生活上有什麼需要協助的地方，於是專程去拜訪國立基隆特殊教育學校，跟家長、老師，還有校長座談了很久，才發現基隆在地有身心障礙的孩子，的確有很多需要社會協助介入的地方。

在基隆特教學校就讀的孩子，有著各式各樣的障別，以現今的教育理念與政策，會在特教學校就讀的學生，通常是身心礙障的程度比較嚴重的孩子，如果屬於輕微或一般程度，往往就會被分發到一般學校的特教班或資源班，需要到特教學校就學的話，通常是比較嚴重的情況，有很多孩子甚至根本無法起身，只能一直坐在輪椅上。

參加完這次的座談，我開始研究如何幫忙改善基隆的身心障礙市民，讓他們不必每次需要看牙醫的時候，都一定要去到台北才能治療。

最早我先向父親的一位好朋友請教，他是全國前牙醫公會理事長，這位長輩知道我的問題後，很快就成立一個LINE群組，邀請專業醫師及相關人員加入，然後幫忙引介到台北雙和醫院的「特殊需求者口腔照護中心」參觀，並邀請專業人員在現場詳盡的導覽、簡報。在參訪完特殊需求者口腔照護中心後三天，雙和醫院就收到三個來自基隆的身心障礙重症患者需要開刀的個案。

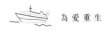

透過長輩幫忙安排的座談，基隆牙科公會理事長也一起出席，可是牙科公會能做的有限，因為公益身分沒有權力要求公立醫院增設特殊門診，加上特殊需求的牙醫門診，經常必須跨科別整合會診，例如要有麻醉科醫

師一起參與，所以也要視醫院的實際情況才能安排，因此目前基隆的特殊牙科醫療資源只有極少的能量，根本就遠遠不夠。

在過程中我還發現，其實不少特教家長不知道有為特殊需求者提供的專屬門診，所以不曾為特殊需求的家人尋求更合適的門診治療。顯示除了特殊醫療的診次明顯不足外，也需要更多的宣導，所以我們一方面爭取增加診次，一方面也積極強化宣導。

在看完雙和醫院的特殊需求者口腔照護中心後，我又去了長庚醫院、部立基隆醫院等醫療機構了解情況。我發現這些規模較大的醫院，牙醫師人數不多，於是我請立法委員林奕華出面跟衛福部溝通，要求部立基隆醫院務必多聘請一位牙醫師，並且至少先增加一個特殊需求者牙科門診的診次。

其實像部立醫院這樣的公立醫院，應該要為有特殊需求的病人保留一定的醫療能量。以牙科為例，多數人其實可以到一般牙科診所就診，但有些身心障礙人士，即使是例行洗牙，也必須整合不同科別的醫師才能完

為了讓基隆的身心障礙市民不必每次看牙醫都要去到台北，特別去新北市雙和醫院的「特殊需求者口腔照護中心」現場做了解。

成，因此必須在具有一定規模的中大型醫院就診。中大型公立醫院有其職責與角色，應該撥出一定的醫療人力來協助沒有太多其他選擇的病人；衛福部當然也該給予提供特殊門診的醫院足夠的誘因，透過好的制度，讓醫療資源可以更合理、合宜的分配到民眾身上。

真的很感謝林奕華委員的全力支持，並居中督促衛福部及部立基隆醫院。自二〇二一年四月一日起，部立基隆醫院每週增加特殊牙科門診一診，同時將身心障礙人士需要的特殊牙醫門診從一般牙醫門診中獨立出來。

在順利爭取到部立基隆醫院新增一個特殊牙科診次幾個月後，我收到國立基隆特殊教育學校家長會簡惠婷會長傳來的訊息，告訴我們她的兒子從二〇二一年八月份開始，可以就地在部基看牙，不用再跑到台北就醫，她很謝謝大家的協助。

簡會長的這則訊息，我除了很感動，覺得自己的奔走總算幫助到需要的人而深感安慰，但同時也感觸很深，因為在為民眾爭取的過程中，經歷

感謝林奕華委員（左三）的支持與協助，二〇二一年四月一日起，順利爭取到部立基隆醫院新增了一個特殊牙科診次。

了不少波折。衛福部最初並沒有積極回應民眾的訴求，所以我們只能不斷聯繫、追蹤與協調，好不容易總算能為身心障礙的朋友，以及照護他們的親友爭取到多一點的資源，讓包括一直和我們共同努力的簡會長和更多家長，可以帶著孩子就地在基隆看牙醫。我真的很欣慰，也很有成就感。

衛福部也表示，將持續與基隆長庚及部立基隆醫院就增加、開設身心障礙者對於特殊需求牙科的醫療資源等相關問題，進行全面性的檢討與改善，這是我們所樂見的結果。

親身體驗不便，成立「身障者搭公車ＬＩＮＥ群組」

除了爭取身心障礙人士的特殊醫療，以及為聾啞人士打造手語平台外，另一個我和團隊推動執行的計畫，則是建立「身障者搭公車ＬＩＮＥ群組」。

最初是陸續去拜訪基隆市肢體損壞協會、自閉症家長協會、智障者家長協會、肢體新生協會、特教學校家長會，以及脊椎損傷協會……等不同身心障礙者協會，傾聽第一線社福人員的近身觀察，以及他們在工作中所看到的問題，同時也聆聽不少身心障礙者的心聲分享，對於他們談到生活中所遭遇的各種困境或難處時，真的很讓人不捨，我真心希望能為他們做些什麼。

記得我去拜訪脊椎損傷協會時，出席座談的脊損朋友們表示，「行」的問題是他們在日常生活中最感到挫折的。因為必須仰賴輪椅，在無障礙設施不足的市區騎樓、人行道進出時，必須冒著風險與車爭道，否則根本寸步難行；此外，遇到需要搭公車的狀況，常會遇到一些不太友善的司機，遠遠看到他們坐著輪椅在站牌等公車，就裝做沒看見，故意過站不停，導致身障朋友等公車，常比一般人花上更多的時間，要是遇到炎熱的酷夏或是寒流來襲的嚴冬，在戶外久候公車卻遲遲不來的無奈，真的會讓人非常生氣又無力。

為了感受身障人士坐輪椅搭公車的不便與辛苦，也想了解基隆市目前公車的服務狀況，我曾特地安排了一天，和脊損協會的身障朋友約好一起去搭公車，我想親自體驗整個過程，看看有什麼我能幫上忙的地方。

脊損協會為了讓我能夠深切感受他們日常生活的諸多難題，特別讓我試乘輪椅進出騎樓街道。平常走在市區，即使路況上上下下、高高低低，對大多數人而言，縱然小有不便，但只要腳步邁大一點或是抬高一點，總還是能輕易跨越，但是坐在輪椅上，一旦兩棟建築之間的高低落差較大，不是下坡很陡很可怕，就是上坡爬得很吃力，又或者走不了多遠就會有突起的崁，或是陷落的凹槽，讓一段不算長的路程，走起來有些驚心動魄，很是緊張。

除了坐著輪椅出入街道騎樓，我還陪著他們去搭公車，一開始來的第一台公車，因為有乘客要下車，所以司機並沒有過站不停，但等到站的乘客都下車了，司機先生居然就直接關上車門把車開走，留下脊損的朋友們還在原地，只能認命的再等下一班。

我不確認這位司機先生是不是故意視而不見，但由於如今要搭乘輪椅上車，需要由司機先生起身架設坡道，身障人士才能上得了車，等到身障人士上車後，司機先生還得幫忙固定輪椅，然後收起坡道，才能回座繼續開車上路，萬一遇上下雨天，司機先生忙進忙出之餘，難免會淋到雨，因此身障人士也只能期待遇到好心司機願意協助，不會因為嫌麻煩而拒載。

由於第一班公車過站不停，我們只好繼續等候，寄望下一位司機先生能夠善盡本分，公平對待每一個需要搭乘公車的市民朋友。

很幸運的，當天等到的第二台公車，駕駛員廖煌峰先生熱心又盡責，原本我心想如果這班公車又過站不停，我一定要去市政府投訴，沒想到廖先生如此熱誠，讓我覺得很感動，也讓我對基隆市公車大大改觀。

當第二台公車到站的時候，司機先生把車子停得比站牌更前面一點，我原本以為車子又要開走了，結果才發現原來司機先生是特意讓車子停靠在方便輪椅上下的位置，我當時心想：「哇！真的有這麼好的人嗎？」

司機先生不但迅速起身架好坡道，在等候身障人士上車時，還很親切又有耐心，讓我非常感謝。我後來告訴司機先生，因為前面一輛公車過站

對脊損朋友們來說，「行」的問題是他們在日常生活中最感到挫折的。為了即時反映身障人士在搭乘公車時所遭遇的問題，我們成立了「身障者搭公車LINE群組」，將脊損朋友們遇到的困難反映給相關單位，有效改善問題。

不停讓人很生氣，本來我們想拍下公車對於身障人士的不友善後，直接去跟公車處反映，但是因為司機大哥的表現實在太好，足以平復之前公車過站不停引起的怒氣，甚至翻轉了我們對市公車的印象，真的很謝謝他。

也因為很感謝這位司機先生，我們還跟他拍了一張合照，事後我們去拜訪公車處，跟他們說明身障人士搭乘基隆市公車面臨的問題時，還特地表揚了廖先生，並表達我們的謝意。

在拜訪公車處處長跟總站長時，我們提到身障者搭公車經常遇到的困擾，除了公車過站不停的執行問題，還反映了一些硬體設施的問題，例如公車上標示保留給身障者停靠輪椅的位置，卻同時又設置了博愛座，導致身障人士經常上車後才發現這些博愛座有乘客，以致於無法好好停靠輪椅。

為了即時反映盡快處理身障人士在搭乘公車時所遭遇的問題，事後我們成立了「身障者搭公車ＬＩＮＥ群組」。基隆市公車處處長及總站長慷慨同意和基隆市的身障人士一起加入這個群組，大家可以在群組裡即時交換在基隆市區搭公車的各種議題，身障人士如果在搭乘公車時遇到過站不停，或是發現公車設施上有任何問題，都可以隨時在群組中提出來，透過快速溝通，即時反映，一起改善身障人士在基隆「行」的問題，提升在地的交通便利性。

謝謝脊損協會和當天同行的人員，讓我親身體會身障人士在基隆「行」的問題與難處，既真實又有意義，並且可以很快的反映給相關單位，有效改善問題，雖然短期間內很難做到盡善盡美，但至少可以開始朝著更好的方向進行。而參與這些事務，其實也是在跑行程，但讓我覺得很快樂，我把原本用來拜會里長、跟選民握手的力氣用來做公益，真正幫大家解決問題，我相信基隆市民應該會支持這樣更務實、更有意義的做法！

善用科技，設立聾啞人士手語平台

在推廣公益，協助不同身心障礙團體的過程中，有些計畫的推動與進行，需要更多的時間和資源，所以有時候需要的不只是耐心，甚至是一點奇蹟。例如受限於現今科技，有些理想和目標遲遲無法落實，但就算當下我們無法立刻達到期望的結果，在等待的過程中，還是應該想辦法把抽象的概念與想法具象化，並且積極的尋找新的可能。我們相信，除了等待之外，和更多的人溝通，傳達我們的想法與理念，串連更多潛在的資源，是目標即使遙不可及的時候，仍然能朝著目標前進的方法。

因為拜訪聾啞協會，我才發現，目前基隆市政府提供聾啞人士到在地公家機關洽公或辦事的手語時數少得可憐，目前每個星期總共只有兩小時，從衛福部在二〇二一年五月三十一日發布的全台灣身心障礙者人數統計資料中看到，二〇二〇年全基隆的「聽覺機能障礙者」和「聲音機能或語言機能障礙者」，這兩類可能需要手語服務的人數將近二千五百人，也就是每星期兩小時的公家手語時數，需要服務的對象是這兩千多人，相較起來，這樣的比例實在很不合理。

目前給付手語專業人員的薪水每小時大概介於五百到七百五十元，以最高價估算的話，也就是說基隆市政府每個禮拜只有一千五百元的預算，用在提供聾啞人士手語服務上，這個數字實在是少得可憐。

我後來協助聾啞協會，向基隆市政府爭取每個禮拜多撥出三千元預算，用來增加兩個時段共四個小時的手語服務，只要三千元，就能讓兩千多位基隆的聾啞人士，每個星期至少可以多出兩個去公家機關洽公的時段選擇，確實緩解了聾啞人士在需要到公部門洽公時的焦慮和限制。

其實除了聘請專業的手語人員到現場協助支援的做法，應該還有更便利、更經濟、更有效率的方式，可以幫助聽障人士與非聽障人士溝通。現今科技發達，人手一支智慧型手機，網路普及率高，加上各種社交平台APP成為民眾習以為常的溝通管道；視訊電話、線上會議、限時直播等溝通方式也日趨成熟，使用門檻也很低，或許我們可以善用科技，讓手語資源更容易取得。

舉例來說，如果要增加手語專業人士的觸及率，可以打造一個專屬的手語資源平台，平台可以透過LINE或是WhatsApp等社交軟體，使用其視訊通話功能，讓聾啞人士把自己的意思經由視訊，用手語表達給手語專業人士，再由手語專業人士即時翻譯口述給非手語使用者。

日後只要有一個專門的平台帳號，招募手語專業人員，安排手語專業人員輪流在線，如此一來，慣用手語的聾啞人士，無論是到政府機關、公私立機構，甚至是去一般商業店家，只要需要溝通，只要透過平台開啟視訊，即可獲得手語專業人員的協助，完成生活中不同情境下與非手語使用者的溝通需求。

其實打造手語平台，無非就是讓手語資源得到最好的運用，也希望能吸引更多的人加入學習手語的行列，把手語當成一種外語技術，藉以提供更多有手語使用需求的人。

目前我所推動的手語平台計畫，規劃了幾個不同階段的任務：第一階段需要先補足具備手語專業的人力，讓手語平台可以在最短的期限內建立起來，很快就能提供手語資源；接著從長期規劃的角度思考，我們打算增加手語學習課程，讓更多人有更多管道學習手語，並且讓具備手語技能的人，除了在求職時多一項突出的才能，也能讓擁有手語能力可以轉換成收入的增加。

現今手語專業人才的時薪已經提升到五、六百元，資深手語專業人士的時薪，甚至達到上千元的行情，這對於需要使用手語服務的聾啞人士而言，其實是不小的負擔。日後如果有了手語平台，一旦需要手語專業人員的服務，就算時薪不便宜，但在平台上每一位手語專業人員，一小時可以服務的人數可能高達十位、八位，大家分攤下來，不但成本效益能夠大幅提升，也大大降低有手語服務需求相關人士的負擔。

目前手語平台的成立，初步有兩個規劃方向，一個是去開發相關技術，但門檻較高，也需要更多時間的醞釀和更多的成本投入，如今還在討論階段；至於另一個方向，則是先補足更多的手語專業人才，主要就是集結更多有手語專業能力的人進到這個平台，用目前較為成熟、也可以快速上手的方式，開始平台的運作。

我一直很喜歡「平台」這個概念，所謂「平台」就是去創造一個環

在拜訪基隆市聾啞協會後，著手推動手語視訊平台，希望能運用科技來改善聾啞人士日常生活的種種不便。

境，讓更多的資源能夠整合起來，藉以得到更好的發揮，進而支持到目標對象。我們成立手語平台的第一步，就是要集結更多有意願幫忙的人，以及有能力提供資源的人，大家共同發揮力量去幫助需要手語專業服務的人。

一旦手語平台上線，那麼日後必須仰賴手語與他人溝通的對象，就不會再受限於某一個特定時段才能就醫或是從事相關事務，無論是日常購物，或者是去戶政事務所洽公，都可以運用手語平台，有跟多數民眾一樣的時間和選擇。

手語平台並不等同於高科技，關鍵在於有手語專業的人才願意參與，至於怎麼執行，初期可以運用既有、已經成熟的社交平台，像是成立ＬＩＮＥ的群組，只要有懂得手語的專業人士，在有人需要服務時，就直接在ＬＩＮＥ的群組，用通話的方式提供協助就可以。

而平台在提供聾啞人士手語服務之餘，另一個重要任務則是培育更多的手語專業人才，我們可以在平台上開設手語課程，鼓勵年輕人學手語。

順利結訓可以給予認證，甚至也可以發給獎金，如此一來，能學東西，又能取得認證，通過認證的話還有獎金可領，對個人的求職就業也有幫助，這麼多誘因齊發，相信一定可以吸引到更多年輕人來學習手語。

因為COVID-19疫情的緣故，手語平台的推動進程多少受到影響，但我們並沒有因此停下腳步。疫情漸緩後，我們就開始進行手語平台的宣導與執行事宜，包括拍攝手語平台影片，以及在社群媒體上進行宣傳，好讓更多人知道手語平台的存在。

此外，聾啞協會及手語朋友們也持續在各自的崗位上努力，像是因應不同的節慶推出自製產品銷售，自立籌措財源。二〇二一年的中秋節慶，我就向聾啞協會訂購一百組秋節禮盒致贈親友，以最直接的行動來支持手語朋友，讓更多人能夠享受手語人士專業製作的糕點，進而對手語人士有更多的認識。

「陪伴志工平台」計畫

另外一個我們正在推動的公益計畫，則是成立「陪伴志工平台」。

我曾經在二〇一三年的時候，接受「中華民國自閉症總會」的邀請，跟立法委員洪秀柱一起拍攝過公益宣導短片，希望讓民眾能夠更認識被暱稱為「星兒」的自閉症兒童，號召大家一起來守護星兒，所以我對自閉症兒童有一些了解。開始積極從事公益活動後，也拜訪了當時擔任「中華民國自閉症總會」理事長的李艷芬女士，她很詳盡的跟我分享家有自閉症兒童的家長，在教養的過程中所面臨的一些難題和困境。

大多數的星兒極為怕生，所以家中的主要照顧者，總是很難找到其他照顧的人手，可以讓自己喘息一下，這也使得星兒的家長幾乎一年到頭都沒有什麼機會休息。在知道這樣的情形後，我們第一件先做的事，就是在基隆的秀泰影城舉辦一場電影欣賞會，邀請星兒和爸爸媽媽一起看電影。看完電影後，我們再請爸爸媽媽跟星兒轉移陣地去「小愛樂園」，讓星兒在小愛樂園玩，然後請爸爸媽媽坐在離星兒不遠的地方進行座談。

座談中我們提出「陪伴志工平台」的構想，星兒家長表示，星兒無法跟不認識的人單獨相處，因為不認識的人會讓星兒不安，陌生人絕對無法勝任陪伴者的任務，所以如果要能陪伴星兒的人，一定至少要讓星兒見過，有一點熟悉度後，才能擔任星兒的陪伴志工。如果星兒有志工陪伴，可以一段時間自己一個人，或是跟其他小朋友一起玩，爸爸媽媽就不必時時刻刻緊盯著孩子，可以稍稍放鬆一下。

此外，家長也與其採取陪伴志工和星兒一對一的模式，或許由志工三、四人搭配八、九個星兒的模式還比較可行，如果星兒本身的狀況不是很極端，也許陪伴志工的概念是可行，也能讓一直照顧星兒而全年無休的家長，可以找到一個短暫放鬆的機會。

初期陪伴志工平台計畫，預計先從自閉症孩子做起，如果推廣成功，未來就可以再擴及到其他類別的身心障礙兒童。

至於陪伴志工的培訓與募集，現階段我們的想法是要找一群樂於助人的年輕人，願意接受志工訓練，學習如何擔任陪伴志工；至於訓練者的部分，我們已經跟「中華民國自閉者總會」聯絡，他們同意提供志工教育訓練課程，讓有意願的年輕人都來受訓，日後加入星兒的陪伴志工行列。

我還想到可以透過我的人脈或社會網絡，找到一些具有服務精神的對象，例如我在教會中認識到一群剛剛受洗的年輕人，因為我們有共同的信仰，也認同給予他人關懷和為他人付出的價值，這些年輕學子在聽到我們的陪伴志工平台計畫後表示高度興趣，還說要再問問自己的朋友同學，希望能邀請更多人一起接受志工訓練，擔任陪伴志工。

一旦完成這些年輕朋友的志工訓練，或許就可以在週六、週日的上午時段，讓幾位星兒爸媽把星兒們帶到一個定點，例如小愛樂園，讓陪伴志工們在一旁陪著星兒，好讓爸爸媽媽可以有幾個小時的時間去做自己想做的事，或是安排一些活動，等到傍晚五、六點再把星兒接回家。期間爸爸媽媽如果不放心，隨時都可以來電詢問情況。如果每隔一陣子能有這樣的短暫休息，放自己幾個小時的假，相信對星兒家長來說，會是很大的支持。

二〇二一年上半年我們舉辦了一日陪伴活動、公益電影募款活動，下半年在COVID-19疫情趨緩後，我們還舉辦了「星兒公益自行車活動」，帶星兒們一起到戶外活動筋骨，在五堵台鐵舊隧道改建而成的自行車道上，騎腳踏車橫跨新北和基隆，一方面陪著星兒同樂，另一方面也讓照護者得以稍作喘息。而小愛爸爸公益平台為了鼓勵星兒走出家門，出外走走看看，同時運動強身，更特別採購腳踏車致贈給當天出席的星兒孩子們！

陪伴志工平台計畫，除了進行星兒陪伴外，還與一群跟我們理念相合的青年志工，一起把「陪伴志工平台」的概念，推廣到盲人陪伴。我們和基隆市盲人福利協進會合作規劃，由陪伴志工協助盲人完成外出購物、甲地到乙地交通、醫院掛號就診等陪伴需求，希望透過陪伴志工大幅降低盲人朋友外出時的不便情況，避免因無法目視而產生的各種風險，讓盲人朋友得以更安全、有效率的外出行動。盲人陪伴志工平台已在二〇二一年第四季正式上線。

二〇二一年下半年，在 COVID-19 疫情趨緩之際，我們舉辦了「星兒公益自行車活動」，陪伴星兒們到戶外活動筋骨，運動強身之餘，也讓照護者可以稍作喘息。

而一邊在籌辦陪伴志工平台計畫的同時，我們一邊陸續舉辦小規模的志工活動，包括邀請基隆二信學校的師生到伊甸基金會基隆區擔任志工，並為了配合防疫，疫情期間只開放已接種疫苗的志工才能參與陪伴志工活動，以確保公共安全。同時我們也爭取到大魯閣實業贊助，在伊甸基金會的新豐小作所，設置公益投籃機。

此外，不時會有地方個案需要急難救助，我們也陸續協助一些經濟困難的單親家庭學童，給予生活補貼外，只要時間許可，我都會盡量親自拜訪，希望能給予孩子及其家庭最直接的關心與支持。

信仰，讓我學會願意承諾

在參與公益活動，協助身心障礙人士解決問題的過程中，我發現很多身心障礙人士，總是很會忍耐，並不習慣為自己發聲，不太會積極爭取自己應有的權益。

或許是因為有了小愛，所以我很能理解身心障礙人士及其家屬，在面對外界因為不理解而產生的質疑或不友善，因為能夠同理，所以我在投入公益關懷，和身心障礙人士或相關團體互動時，特別鼓勵他們要適時勇敢的站出來，Voice Yourself! 不要因為沒有別人聲援，就不敢為自己發聲，一旦自己都不為自己發聲，就更難有人會為我們聲援！

為自己發聲只是第一步，站出來發聲之後，更重要的還是務實的去解決生活中面臨的問題，然後找到夥伴大家一起來做。現階段我很努力的把各方資源串連起來，就像我說的「平台」的概念，讓有心、有餘力，願意讓社會與世界更好的人，可以透過平台串連起來。

自從我開始積極從事公益活動，不時就會收到不認識的人寫信來鼓勵我，讓我備受鼓舞。我相信關懷公益的路上，自己並不孤單，也因為成為基督徒，我承諾把自己交給神，去做更多能夠為他人或社會帶來正能量的事情，只有這樣，才是真正能夠榮耀神。

有信仰讓我更能專注，也更願意成為一個好的人，我尊重每個人不同的信仰，也相信所有的信仰，都是為了幫助和鼓勵人向上。每個人在自己的信仰中找到力量，只要做的是對自己和他人都好的事，信仰的價值就得以發揮。

因為小愛，讓我學會同理，因為信仰，讓我願意承諾。這些彌足珍貴的特質，在未曾經歷那些痛苦和掙扎前的我，是不可能意識到有多麼重要、多麼難得。人一旦懂得同理、肯為自己的目標做出承諾，就可以更接近理想中的自己。我很慶幸自己有信仰，也相信我一直朝著「成為一個更好的自己」而前進。

8

用企業CEO的角度看城市經營

治理一個城市跟治理一家企業，兩者之間有很多極度相似的地方，如果把城市看成一家企業，那麼身為一個城市的市長，就像是一家企業的CEO，對於這個城市的當下與未來發展，將有著關鍵性的影響力，因此我相信無論是市長或是CEO，兩種不同身分所需具備的能力，本質上其實有著許多異曲同工之處。

一個好的市長，必然是一位好的企業家

一個好的企業CEO，除了基本的個人操守，以及良好的企業經營

管理能力外，還必須在資源有限的現實情況下，處理不同關係人所著重的不同核心焦點；對於關係人之間可能有的對立態度，必須以柔軟的身段，整合各方意見，爭取異中求同，努力達成共識，同時還要保有明確目標與堅定意志，帶領團隊快速因應外在環境的瞬息萬變，以確實可靠的步驟謹慎執行，幫助組織得到最大的發揮，進而做出實質成績，讓企業與所有參與者都能因此受惠，才算得上是一位好的CEO。

好的市長也是一樣，如果說，一個好的市長，必然也具備一位好企業家的特質，我想應該有很多人都會同意我的看法，畢竟無論是企業CEO或是市長，都是負責帶領組織前進，目標都是要讓組織以及旗下的個人或團體，得以生活得更美好、更富裕，並和其他組織共存共榮，同時也能確保各種抽象或具體的外在環境，可以跟著組織一起永續繁榮。

不管是企業管理或城市治理，好的領導者都必須有願景和創造力，敢於做大膽的夢，尤其是那種能夠引起共鳴，讓人願意投身追逐的夢想。透過願景領導，吸引更多人把大我的夢想跟小我的夢想結合，一同加入將夢想化為現實的行列，互相支持，一起打拚。

我在二十出頭首次創業，當時雖然有家族的支持，也幸運在理想的時機點切入市場，所以能做出還不錯的成績。而後來我參選立委，從二十九歲到將近四十歲都擔任國會議員，十多年間我都沒有再創業從商，但我一直都知道自己天生有著創業的血液，以及經營管理企業的DNA，所以當我決定不再參與立法委員選舉後，毫無懸念的，從事企業經營就是我理所當然的選擇。因此在卸下立委職務後，我很快的便無縫接軌成為一位創業者、企業家。

回顧我經營企業的這些年，如果讓我分析自己是一個什麼樣的領導者？有什麼樣突出的領袖特質或優勢？在看過這麼多傑出的創業者與企業家之後，我認為自己身為領導者最突出的三個特點，也許首先是我有著與生俱來、獨特敏銳的創意與眼光；再者，我一向與人為善，多年下來累積了既廣且深的人脈資源；第三個特質，或許是我從小的成長經驗以及家庭教育，再加上我在求學過程中所受到的訓練，讓我能夠有良好的溝通能力及說服力。

「創新」是成功領導者的最低門檻

每過幾年，企業管理就會出現一些熱門的新概念，每每造成一股熱潮，說起來頭頭是道，但無論是破壞式創新、藍海策略、紫牛效應，或是S曲線……，這些在不同時期、不同年代被提出，都曾經紅極一時的企管概念或理論，追根究柢其核心本質與能力都脫離不了「創新」。換句話說，「創新」是一家企業最根本的能力，也是最關鍵的競爭力，而一家企業的領導者本身是否具備優異的創新能力，大大的決定了企業的發展潛力。

只是創新、創意、創造力……，這些核心意義相近的特質，雖然可以透過後天的訓練與學習，加以培養與提升，但真正具有高度價值，能提出某種令人眼睛為之一亮，甚至能夠帶來突破性發展的創意，除了仰賴持續的精進與努力，有時候不得不說也跟一個人與生俱來的天賦有關。而我想，老天爺的確賞賜我在商業經營上較為優異的創新能力與直覺天分。

我在從政多年之後，決定暫別立委生涯，卸下公職，選擇從商，自行創業。我所成立的公司因為投資眼光精準，所以很快就有很不錯的獲利，只是創業對我來說，賺錢並不是唯一的目的，我更希望能夠去做一些有趣、有意義的嘗試，開發更多新可能。

當時我看到通路型電影院商轉型擔任製片商的機會，覺得這是一個可行的策略，和相熟多年、家族經營通路型電影院的友人分享，洽談合作的可能性。後來合資創立華聯，除了發行國內外優秀的電影作品，更陸續推出《大囍臨門》、《我的少女時代》等賣座電影，我也因為華聯國際多媒體取得的優異表現，獲得「安永企業家獎」的肯定。

這些有目共睹的成績，當然是很多夥伴用心投入，大家一起努力打拚才能創造的結果。但能夠及早看到市場的潛在商機，我想這或許也跟老天爺給了我比別人多一點在商業上的創意與創造力有關。

由於華聯國際的優異成績，二〇二一年應邀到開南大學分享投資文創產業的心得。

深厚穩固的人脈，才能在關鍵時刻發揮作用

除了天賦的商業創造力，我還有另一個創業者或企業家很受用的特質，那就是多年來累積而成，既寬廣又深厚的人脈。

我從小就很喜歡交朋友，個性也很隨和，所以朋友很多，年輕的我喜歡熱鬧，總是跟大家玩在一起，那時候經常呼朋引伴，到處去玩。我一向很樂於跟人互動，時間久了自然而然就在不同的場合中，遇到各種不同背景、不同領域的朋友，而這些朋友又會再介紹更多朋友給我，久而久之自然累積了不少認識我的人，多年下來不知不覺也就有了寬廣的人脈。

很多人都誤解了「人脈」的意義，事實上，真正有意義的人脈，從來就不在於認識的人數多寡，而在於雙方往來互動的深度與互信程度。只有深厚穩固的人脈，才是有意義的人脈，也才能在關鍵時刻發揮作用，否則認識再多的人，充其量也只能算是拿到比較多張名片而已。

與人為善，樂於交友，自然是建立人脈的基本要件，但這麼多年下

來，我的人脈關係之所以能在關鍵時刻發揮作用，我想跟我個性上的特點，以及與人交往的投入程度有關係。

我是一個很怕麻煩的人，做人處事一向秉持單純、可靠的基本邏輯。正是因為如此，在和朋友交往時，我一直都很真誠，習慣言行一致，因為表裡如一對我來說最簡單、最不麻煩，不必為了用不同的劇本應對不同的人，擔心搞錯對象，導致前後矛盾；也不用去特別記住對什麼人、在什麼場合、為了什麼事，說了什麼樣的話。我不習慣見人說人話或是說些違心之論，這讓我在處理各種大大小小的事情時，以及與朋友的互動中，累積了自己的可信度。

我的交友之道——真誠、用心

此外，我很樂意在能力所及的情況下支持朋友，所以只要是我的朋友，都對我有相當的信任。也因為我與人為善的個性，所以每當我需要協助的時候，無論是經驗的請益、各種資源的提供與串連，甚或是想找潛在的合作對象，朋友往往很給力，不但樂於跟我分享不同資源，不吝於提供寶貴建議，還會積極幫忙引薦合適的人與機會，讓我在企業經營的過程中，得到很多的幫助。而這些幫助一方面是因為多年的交情，但我想更重要的，是朋友之間的信任。

除了真誠之外，我想我在與人交往的時候，只要是好朋友，我都會很用心、很投入，讓朋友能感受到我的心意。我很重視對人的細心穩妥、體貼入微，這點常讓我的朋友感動不已，不得不說，這恐怕跟我年輕時追求心儀的女生，或是為了討女朋友歡心，所受到的「訓練」有關。

對人的關心，很多時候都不是展現在什麼了不起的大事上，相反的，我對朋友的關心，往往都是展現在日常生活小事上。比方我是一個會記得好朋友生日的人，回想我在立法院工作那幾年，如果知道某一天是辦公室同事的生日，就會買個蛋糕，和大家一起同樂，給同事生日祝福，讓同事知道我的心意，也就是這些小小的細心體貼，朋友總是能感受到我對他們的關心和在意。

記得某次總統大選，我被分配擔任同黨候選人在基隆、澎湖和馬祖三個地區的選舉行程聯絡人，雖然我跟候選人不熟，但我除了事前就親自飛到兩個離島去場勘，確認每個環節外，在候選人去到當地進行活動期間，我不但全程陪同，並且總是比預定時間早一點到場，一直等到候選人離開我才離開，而且每天早上出現時，總會帶上咖啡給候選人跟工作人員。

這些事情說起來都不是什麼困難的事，重點只是在於有沒有用心，有些人會覺得這些事只要交代助理去做就好，但對我來說，這都是舉手之勞。就像我因為想到大家起個大早，也許還沒完全清醒，如果喝上一杯咖啡，應該有助於讓人精神集中，元氣滿滿，所以就買了咖啡帶過去，不少人因為這杯咖啡而睡意全消，自然工作效率也跟著變好。這些順手做的小事，卻往往最能表達真心。

那次選舉之後，我輾轉從好幾個朋友的口中聽到，這位候選人對我做事的細膩度和做人的周到頗為讚賞，在不同場合都給了我不錯的評價。這些我覺得稀鬆平常的習慣，常常讓人印象深刻，而我想，所謂的建立人脈與交情，不就是這些看似微不足道的小事所累積起來的嗎？

所以我認為所謂的「人脈」，並非有過一面之緣，或是在社交場合交換了名片，就能夠建立起來。真正能夠在關鍵時刻發揮作用的人脈，往往是雙方在沒有什麼利益交換的前提下，有足夠的機會或時間去認識彼此；抑或是彼此之間有雙方都很信任的第三人，願意把好的人串連起來，一起去做好的事情。透過這樣扎實而長久的累積所形成的「人脈」，才不會是那種浮誇又表面的人際關係。

我在想，一直以來，我的確累積了很豐實的人脈，所以在創業、經營事業的過程中，每每在關鍵時刻，總會有關鍵人士跳出來，幫我踢進那臨門一腳，讓我得以成功！

人生是一個持續推進改變的過程，人和人的往來交流也是一樣，這幾年我的生命經驗和過去的三十多年有很大的不同，認識了很多新的人、交了很多新朋友，雖然認識的時間並不長，但卻覺得彼此很熟悉，好像已經是多年老友。例如跟我合著《千分之三的意義》一書的好友詹斯敦，或是前面提到已經受洗的前台東縣長黃健庭大哥，還有同為虔誠基督徒的基隆七堵里長吳麗如姐妹，以及許多我在教會中認識的弟兄姐妹，因為大家真心相待，互相扶持，每次都讓我覺得從他們身上，感覺到自己被支持、被關心，真的很溫暖。

只是也不可諱言，隨著生活重心的轉換調整，這些年來，我的人生有了巨變，朋友圈也難免跟著有些變化，不過我相信曾經真心交流所建立的友誼，無論平日是否經常聯絡，都還是會真心祝福對方的。

良好的溝通，才能讓夢想接地氣

除了創意與人脈，如何把腦中所想到的大膽念頭與夢想，用務實又接地氣的方式，具體呈現給關鍵人物，引起對方共鳴，進而願意買單，也是事業能否成功的一個要素。

每當我靈光乍現，有了新的想法或計畫，開始思考如何尋求關鍵資源，並且能夠讓關鍵人物產生興趣，甚至願意支持我的創意，就取決於如何能夠把那些天馬行空，甚至有時候是神來一筆的想法、概念、夢想，以既迷人又務實的方式，好好的跟關鍵對象完整呈現，進而得到對方的首肯，願意相信我，甚至加入我把夢想變現實的行列。

或許是跟我成長的環境有關，因為家中長輩擔任公職的緣故，從小家裡常有客人來訪，也有很多時候會在一些社交場合中，見到不少社會名流或公眾人物，他們大多數都擁有良好的口才與表達能力，我有機會在一旁靜靜觀察聆聽大人的對話，久而久之就比同齡的孩子，對於大人的互動方式有更多的理解與學習。或許就是看得多了，不知不覺潛移默化，我慢慢也學會大方從容的表達自己，所以即使要在眾人面前侃侃而談，我都能得心應手。

除了從小家庭環境的影響，也因為身為小留學生，很小就進入西方社會求學。由於西方社會的基礎教育，一向很鼓勵個人勇於表達自己的想法，成年之後的高等教育，更加重視訓練學生能夠有條理、系統化的整合論述自己的觀點與意見，所以我在成長階段和求學過程中，很扎實的學會如何把抽象的念頭用溝通對象可以理解、接受的方式說明，而這恰好是創業者或企業經營者很重要的能力之一。所有事業的成功，從來就不是一個人單打獨鬥可以做到的，但要能領導一個團隊，好的表達力、溝通力與說服力，對成敗常常有決定性影響。

多年的培養與練習，讓我跟不同的對象溝通、在各種大大小小的場合表達發言，不但不會緊張怯場，還能以不錯的邏輯力、觀察力與說服力，讓我在向他人提出想法或意見時，能夠提綱挈領，直達人心，也因此得以讓許多握有關鍵資源的人，認同我的想法，願意為我的創意買單，提供寶貴的資源，甚至加入我們的行列，成為一起創業的夥伴。

當然除了創新、人脈與溝通說服力，一個好的企業家還有很多不同的特質，但回歸到組織領導與治理，無論是一家公司，或是一個城市，本質上有很多的相同之處。今天人民對於一個城市市長的期待與想像，與其期待一個什麼都懂、什麼都會的全能天才，也許一個尊重專業、知人善任，有願景但又務實，具有企業管理思維與經驗的領導者，或許更符合現代城市治理的需求。

治理一個企業，某個角度就是在治理一個小群體，一個小城市，因此，我們也期待一個理想的城市市長，可以了解企業治理的概念與邏輯，最好也能有企業經營的實務經驗，讓城市就像好的企業一樣，可以為所有直接或間接的利益關係人——也就是市民，創造最大可能的幸福，並且能與周邊的所有個人、組織和環境，一起共好，永續發展。

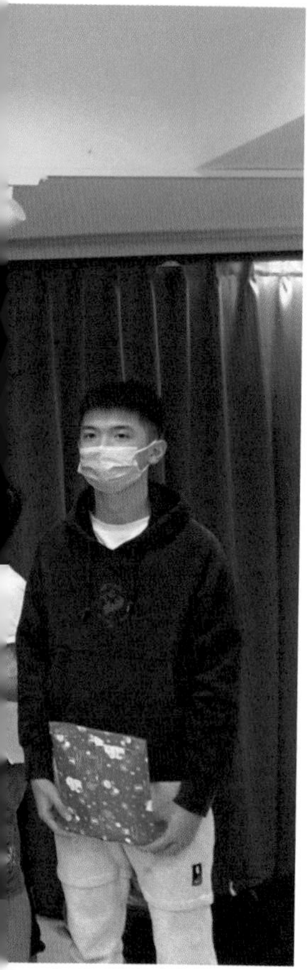

以小愛爸爸身分與台北市議員游淑慧（後排中間戴褐紅色口罩）參加基隆主恩兒童之家的活動，與小朋友們同樂。

9 如何讓基隆在國際發光？

我一向認為，基隆擁有台灣北部最重要的海港，具備一流國際級海港大城的條件，只要好好發展，就能和紐約、倫敦、香港或新加坡並駕齊驅，在世界舞台上綻放光芒。

只可惜，多年來基隆就像一顆未經雕琢的鑽石，遲遲等不到眼光與手藝兼具的雕刻師傅，可以將寶石本身獨有的無限價值與耀眼光采呈現在眾人面前。

喬治亞理工學院亞洲產學中心

這幾年我雖然沒有公職，但因為對故鄉的愛，只要有助於基隆發展，在能力可及的情況下，我總是樂意居中協調，積極串連合適的機會，希望能將各種國際化資源和重要的機構引進基隆，讓世界上更多人知道基隆這個城市，同時也能為基隆注入更多能量。

比方，美國喬治亞理工學院（Georgia Institute of Technology，簡稱Georgia Tech）是美國頂尖的研究型公立大學，日前計畫成立亞洲產學中心。我們得知後，就積極爭取、來回奔走，希望喬治亞理工學院產學中心亞洲分部能夠選擇落腳基隆。

喬治亞理工學院至今在全球三個地方設立了產學中心，除了有望進駐基隆的亞洲中心外，另外兩個中心，一個設在哥倫比亞的波哥大城（Bogota），另外一個中心則選擇在摩洛哥成立。

喬治亞理工學院在基隆設立的亞洲產學中心的計畫若能實現，日後將開辦線上教學課程，提供包括喬治亞理工學院既有的專業教育課程，初期可能開設網路安全及供應鏈物流等相關課程；商業管理相關的課程內容則會是另一個重點課程；此外，未來喬治亞理工學院還將為了方便英語並非母語的外國人士學習英語，特地開設線上ＥＳＬ（English as a Second Language）語言課程。

除了線上教學授課，喬治亞理工學院亞洲產學中心還將協助遍布全球的學生與校友，提供就業諮詢、商業訊息分享等服務，同時還將不定期舉辦主題活動，進行焦點討論，透過網絡無遠弗屆的特質，串連校友之間的人際網絡，進而服務更多人。

如果喬治亞理工學院的亞洲產學中心未來真的落腳基隆，那麼日後校方有機會與台灣企業進行產學合作或共同研發，創造的研究成果若取得專利或技術移轉，未來就可以直接在台成立公司商轉，培養在地人才之餘，也可以增加就業機會，同時幫助提升台灣產業的技術能力。

美國喬治亞理工學院計畫成立亞洲產學中心，若喬治亞理工學院產學中心亞洲分部能夠選擇落腳基隆，就可以增加就業機會，幫助提升產業的技術能力。

積極吸引國際組織來基隆設點

基隆市距離台北車程只要十五分鐘，除了地理上的優勢，相較於台北市，基隆在空間取得上也有優勢，未來如果我成為基隆市長，絕對會全力爭取國外知名，具影響力的政治、經濟、教育、外交、文化，甚至是軍事相關智庫來基隆設立分部。

為此，我陸續接洽了一些美國知名大學與智庫，積極爭取國際組織來基隆設點，除了邀請他們到基隆參訪，更將致力促成這些單位在基隆成立亞洲平台辦公據點，進行美國各州與亞洲各國政府或民間的合作交流。

我一直都很樂意參與國際間的各項活動，只要能讓台灣被世界看見，我從來不會放過任何機會。除了不時受邀參加各種活動，與各國政商人士對談，我也持續與國際友人保持交流往來，致力讓世界更多人知道台灣、認識基隆。無論我的身分是立法委員，還是企業領導人，只要有機會能為基隆、為台灣發聲，我絕對義不容辭！

立足本土，邁向國際

國際觀與本土化從來就是相輔相成，彼此拉抬的關係，只有更認識在地文化，更了解當地民情，才能更深刻標示出我們在國際上的位置與角色，看清楚自己的優勢與不足為何，藉由國際與本土脈絡的交流融合，定位出專屬於我們自己的坐標，才是一個城市有朝一日站上國際舞台，能夠以具識別性的本土特色和獨有風采，成為全世界的目光焦點，而不至於淹沒在全球化浪潮下，變得毫無個性，隨波逐流。

其實基隆市還有很多足以發展成為國際一流城市的潛力與亮點，只是一直以來大家對基隆的想像總是未能跳脫一個衛星城市的格局，加上基隆腹地小，相對取得的資源也很少，因此很難有足夠的話語權。歷任的基隆市長，在市政規劃與推動上，也鮮少能以更為國際化、更具全球性的視野與角度思考，這也使得基隆市的發展這幾年縱然有所進步，但距離邁向國際化城市的目標，路程仍然十分遙遠。

話說回來，一個城市如果要發展得更為國際化，主事者本身必須具有足夠的國際觀，能以宏觀前瞻的眼光與思維去擘劃、引領城市發展，並在帶領城市走向全球化的創新潮流時，同時又能固守在地文化本有的傳統優勢與獨特民情，這些都是關鍵所在。

我在基隆出生，一直在基隆生活、求學，直到十三歲出國讀書。基隆是我成長的地方，有我的童年記憶，也是我唯一的故鄉。

當年從國外學成歸來，我一心只想著回到基隆。我的家族好幾代人持續在基隆深耕、生根，超過半世紀以上，至今我的家族依然還在基隆生活，我對基隆的認識與因緣，早在我的先人、祖父、父執輩就已經開始了，家族成員數十年來在這裡耕耘打拚，開枝散葉，一代一代傳承札根，我想同輩的政治人物中，應該少有像我一樣，對於基隆的人文、風俗、土地、民情這麼熟稔，感情又這麼濃厚的人吧。

任職立委期間，我是基隆市民選出的國會議員，那些年我心心念念的首要服務對象，自然就是基隆鄉親。結婚生子之後，基隆也成為女兒小愛成長求學的地方，期間我曾經創業從商，在全世界奔走，出差、旅行、洽公……，但無論我去了地球上的哪一個地方、哪一個城市，基隆永遠是我的根據地、大本營，我最後終究要回歸基隆，回到這個多山多雨，還有滿滿人情與溫暖的城市。

什麼樣的領導者才算是具備國際觀，其實並沒有一個絕對的標準。一個人有沒有國際觀，不只是會說流利的外語，就算是自國外名校畢業也不代表就具備國際觀。但有好的外語溝通能力，特別是英文，並且曾經在不同的國家工作、生活，與各國人士往來互動，擁有開放的心胸與多元的觀點，的確是基本要素。

只是就像前面提到的，相對於「國際化」的概念，「本土化」雖然可能位於天平的另一端，卻是一個城市在強調國際化程度的同時，必須跟著深化的指標。只有對於自身、在地、本土具有深刻長遠的認識與熟悉，才能對於世界上其他人、其他城市、其他國家產生更務實與貼切的理解，就像天平一樣，只有當兩端都能兼顧並重時，天平才不會失衡。

我因為十三歲就出國讀書，期間一直在外國接受教育直到大學畢業，異國的就學與生活經驗，讓我有機會與來自世界各地不同國家的人互動交流，甚至也和不同國籍、種族、膚色的各國人士成為好友，因此得以近距離親身體驗世界的多樣與無限可能，加上之後我擔任全球性影視整合公司的負責人，基於業務需要，經常頻繁地在全世界飛來飛去，甚至花了很多時間在好萊塢跟全球頂尖的電影人往來打交道。

種種讀書和求學的經歷，讓我對於來自不同國情文化，以及不同社會背景的人民有所認識，一方面擴張了我的生命視野，也拓展了我對於未來世界的想像。也因此，對於「國際化」與「本土化」的平衡，很有心得，也深具信心。

二〇一三年，獲得「艾森豪獎學金」赴美進修考察，與前國務卿鮑爾（Colin Powell）交流。

10

逆風前行的勇氣

過去我是一個對自己很有自信的人，有時候甚至到了自負而不自覺。因為有過不少成功經驗，加上人生中並沒有什麼大挫折，使得當時的我並沒有意識到自己有多麼幸運，直到女兒小愛來到我的生命中，我才被迫正視自己一路走來的成功，並不是因為自己的聰明或努力，事實上，那些成功的背後，往往有著很多眾人的支持與貢獻，以及很多很多的幸運。

說該說的話，做該做的事

小愛的事情剛剛發生時，我從一個極度自信的人，一下子變得退縮畏懼，那時候我根本沒有什麼勇氣可言，而一個人一旦失去勇氣，所呈現的就是一個空洞無力的狀態，有時候甚至連很簡單的選擇，都下不了決定。

幸好我遇到了生命中很重要的朋友詹斯敦，他不但陪著我面對小愛天生聽力缺損的事實，還一路支持我，提供具體的過來人經驗和實際的就醫建議，讓我們夫妻能夠陪著小愛進行各種治療和復健，不僅如此，詹斯敦還帶著我認識了主，讓我從信仰中找到信心與勇氣。

過去我也自認是個有信心、有勇氣的人，但如今我的信心與勇氣來源，與過往並不相同。現在我對生命之所以充滿信心，並不是因為覺得自己多麼天縱英明，而是在受洗成為基督徒之後，我愈來愈能體會到凡事主都有祂的安排，我唯一需要做的，就是去了解主對我的安排，然後盡心的去執行就好。也因為知道我所能成就的一切，除了是主的安排，更有太多太多來自我所認識或不認識的眾人，在無形中所給予的諸多協助，因此在信心與勇氣背後，我不斷提醒自己必須以謙卑與恭敬之心，心懷感謝的去面對這個世界。

從我受洗以來，主一直安排我去幫助不同障別的身心障礙弱勢團體，奇妙的是在參與投入的過程中，看似好像在為他人付出的同時，我其實才是收穫最多的人。除了深切體認到自己的渺小與不足，也深深感受到神要我去服務更多人，做更多有意義的事情。也是在這樣的過程中，我告訴自己，在幫助不同弱勢團體時，我要讓自己如同神的僕人一樣，用謙沖柔軟的態度，去服務他人，善盡自己的職責。

只是在提醒自己要謙卑的同時，我也不斷跟自己說，要抱持勇氣去做該做的事，即使當下看起來是逆風而行，也要說該說的話，做該做的事。因為有神，因為相信神，所以我現在所做的每件事，總能讓我感覺很有力量，我想成為一個大無畏的城市規劃者，我想讓基隆變得更好。

多年來基隆市一直被忽視，在深感不平之餘，我想問自己有沒有可能拋開一切恐懼和膽怯，發自內心相信神與我同在，因此能夠做為一個真正勇敢的政治人物，用理性和勇氣去面對和判斷所有的事情，並且去做真正該做的事？

有一件我一直耿耿於懷的事，是關於基隆的教育現況，我想直言不諱的挑戰現在的教育政策。

基隆學子出走情形嚴重

這些年基隆的高中評比極差，基隆在地的高中職，每年的會考分數落點都很低，加上少子化的影響，許多學校都有招生不足額的問題。在基隆，凡是學業成績優異的孩子，升上高中後，絕大多數都選擇通勤到外縣市就讀，使得每天花在交通上的時間，壓縮了學習、休息或休閒的時間，這真的是一個很糟糕的現象。

年輕學子外流，主要原因當然是因為基隆沒有理想的學校可以就讀，這些年在教育部推動的常態分班制度下，基隆的國中小學，不再依照學生的學習能力適度分級，所有的孩子無論學習進度快慢，統統都在一個班級中，以統一的進度學習，這樣制式化的設計，導致學習較快的孩子無法持續進步，對上課感到乏味；而學習較慢的孩子又可能因為跟不上其他人的程度，而深感挫折，失去學習興趣。這個看似「公平」的制度設計，卻只是以齊頭式的教學方式來對待可能在學習需求上大相逕庭的孩子，結果就是無法適度因應孩子自身的學習速度，因材施材變得遙不可及。

事實上，如果中學教育，要講究絕對的常態分班，那為什麼上了高中，就允許建中、北一女、中一中、南一中、雄中、雄女……這些學校的存在？台、政、清、交……這些大學，又為什麼一直是學生和家長擠破頭想要躋身的學術殿堂呢？高中、大學，甚至是研究所的教育制度，明明都會因為不同的能力和程度，做出不同的區隔與安排，偏偏只有國中教育嚴格限制不許這麼做，如果原因是為了要減輕的課業壓力，這樣的規定，真的可以解決孩子課業壓力過大的問題嗎？我實在無法理解。

每個孩子都有不同的天賦與能力，如果孩子在知識吸收速度與不同學科之間所展現的學習效益不同，就應該針對孩子的狀態，適度調整，因材施教，一味強制限制絕對的常態分班，限縮了第一線的教育工作者在教學安排上的空間與自由度，即使初衷是為了孩子好，但最後卻本末倒置的限制了孩子的發展，讓家長跟孩子被迫在僵化的體制下掙扎，把很多時間用在通勤往返、舟車勞頓上，只為了能夠在一個更適合自己的學習環境中受教。

如果只是因為教育部禁止學校把學習程度相近的學生集中，而基隆市長未能爭取一定的彈性，全盤接受教育部的制度設計，既沒有足夠的師資，學生也缺乏適度的同儕競爭機會，家長為了讓孩子得到更好的教育，只好把孩子往台北送，但其實如果基隆市有合理的彈性對策，我想很多家長和學生，都還是願意就近在基隆就學的。

曾經的基隆中學、基隆女中等畢業生，不乏具有考上台、政、清、交的實力，但如今每年考大學，基中、基女的表現卻大不如前，長久下來，對基隆的學子絕對不是好事。

為基隆子弟爭取教育資源

我的家族本身就從事教育工作，我父親擔任基隆二信高中董事長多年，現在基隆人都知道二信高中的畢業生實力很強，我們其實可以讓基隆其他高中，也像二信高中一樣，教出實力堅強的孩子。我希望能把二信高中的 know how，傳達給所有基隆市立高中，讓就讀市立高中的學生，也能具備考上台、成、清、交的實力，這是我很希望推動的任務。

現階段基隆要一步一腳印的把在地小學、中學還有高中教育做好，雖然我這麼說，可能會引來很多質疑或反對的聲浪，但我實在很想挑戰現在台灣的教育政策，尤其是對於中學教育能力分班全面禁止的教育政策。

平等受教並不等於以同一套教學方式來教育所有的孩子，能力相近或專長相似的孩子一起學習，或許才能達到更好的教學和學習效果。如果以為給出一點獎學金，就能留住資優的學生，那其實是緣木求魚的天真想法，家長在意的從來就不是幾千元或是幾萬元的獎學金，因為獎學金買不

家長和孩子需要的，是健全且具發展潛力的教育機會與環境，但基隆市民所得到的資源跟支持，卻遠不及台北，因此我很贊成北北基合併。

到孩子的未來，家長和孩子需要的，終究還是健全且具發展潛力的教育機會與環境。

即使現在的教育政策禁止學校進行能力分班，但如果能夠以不同的才藝班、特色班、資優班的形式，幫助孩子找到更適合的學習環境，家長就不必要一天到晚擔心孩子在基隆就學程度會跟不上其他縣市的同儕，而非得犧牲成長中孩子寶貴的睡眠時間，把孩子送到外縣市去上課了。

除了教育政策，我還想要正視的，是基隆市和鄰近台北市、新北市兩個城市資源分配落差極大的問題。

基隆離大台北是這麼近，但基隆市所得到的資源跟支持，跟台北相比卻是如此不成比例。我過去十多年從政的生涯中，一直覺得有些遺憾的，就是沒能讓基隆市民享有台北市民或其他直轄市民一樣的待遇這件事，明明都是國民，繳交的稅額與種類也都一樣，但直轄市和非直轄市民之間的待遇落差，卻如此不同。

支持北北基合併

二〇〇八年我參選立委連任時，就率先以北北基合併做為我的主要政見訴求，只可惜後來這個政見未能實現。

二〇一〇年六都升格改制，最後拍板定案的結果，基隆完全被摒除在外，這對我造成很大的傷害，是我內心一個很大的缺憾，也是當年我對自己和我所屬的政黨，都感到頗為失望的事件。當時沒能做到對選民的承諾讓基隆市升格，我久久無法釋懷，甚至還一度跟當時的中央政府有些不愉快，而我後來決定不爭取連任繼續參選立委，也不願意接受政黨徵召參選基隆市長，多少也跟這件事有關。

當時在我心目中，北北基合併是應該做也值得做的事，從各種角度來看，台北都應該像東京、紐約、首爾、倫敦一樣，以擁有接近上千萬的人口來做為一個都會的整體規劃，而不是把北北基合計約七百萬人口切割成三個行政區各自為政。

對基隆市民來說，如果跟直轄市合併，每個人平均得到的政府預算自然可以得到提升。以基隆市民的最大福祉來看，北北基合併，讓北部三都會合併成一個大都市，不但可以互補互惠，還能創造更大的綜效，實在是一個三贏的選擇。

北北基本來就是一個完整的生活圈，光是每次要不要放颱風假，都是北北基三首長共同協商討論要不要放假，就顯示這三個地方其實密不可分。捷運建設也是如此。直轄市的交通建設中納入捷運建設理所當然，如果以一個海港城市的角度來看北北基，台北捷運一路拉到基隆港根本就是順理成章的事。要是當年北北基順利合併，我相信基隆早就有了捷運，而不是像現在一樣，基隆人仍在翹首盼望，不知道哪一天基隆才會有捷運。

只要為了基隆好，政治前途不要緊

每當我談到北北基合併，總會有些支持者建議我不要在這個階段就提出來，支持者擔心一旦我當選，而北北基合併的計畫也真的順利達成，那麼我不但可能變成末代基隆市長，而且身為三城中資源最少、話語權最小的首長，根本難以跟雙北市長競爭北北基合併後的新市長，必定會影響我未來的政壇出路。這也是為什麼許多政治人物就算想談縣市合併，卻總是在第二任任期將屆之際，才會把這個議題搬上檯面。

我很感謝支持者對國樑的愛護，甚至還為我的前途打算，但我既然是為了基隆市民、為了有所貢獻才決定回歸政壇，我相信上帝會做最好的安排。我已經把自己交給上帝，就不會再從一己之私的角度去決定什麼該做、什麼不該做，我一心想做對的事，想做真正有意義、有價值的事。

假如我順利當選，並且在第一任期間推動北北基合併成功了，雖然我可能因此成為末代基隆市長，但即便任期只有一任，身為小愛爸爸，這還是我所樂見的發展。因為小愛爸爸在乎的並不是要固守自己的位置，就算我可能因此無法找到政壇的下一步，但只要是為了市民好，為了基隆市的最大福祉，即使必須付出這樣的代價，我也甘之如飴。

我從二〇〇八年就開始談北北基合併，十幾年來我都沒有改變過，至今我仍然支持這個目標。小愛爸爸如果當選了，一邊推動市政的同時，另一邊我要積極推動這件事。我可以在中間扮演溝通的角色，勇敢出面表達我們的論述，促成雙北首長和基隆市三方坐下來對話，一起促成這件事。

由於台北市和新北市兩者資源相當，如果要談合併的話，或許讓資源較少的基隆市長來居中協調，反而能讓協商更順利，尤其我本人宣告將以開放、真誠、不抱私心的態度，從對所有市民以及台灣未來發展最好的角度思考切入，盡力讓這件事推進得更順利，創造三贏的局面。

推動北北基合併多年，一直都未竟其功，許多人早就因為機會渺茫，毫無勝算而放棄不提。但我就算因為這個政見而屢屢受挫，仍然還是不願放棄。雖然大家都說不可能成功，但事在人為。如果今天連談都不談，只因為覺得不可能而連試也不試，那就真的絲毫沒有成功的機會，永遠都不可能了。

「永遠不可能」一向是既定利益者拿來說嘴，或是用來享受現狀的遁辭，如果真心想要做一件事，即使前方困難重重，最好的方法無非就是一個問題、一個問題的去克服，就算大家都不看好也沒關係。逆風前行雖然舉步維艱，但終究只有邁開步伐，起身出發，一步又一步的前行，才有可能到達目的地。

基隆需要雙北，雙北更需要基隆

全球最大財經資訊公司彭博新聞社，每兩年會公布一次「全球都市國際化指數」，這是以一個城市的商業活動、人力資本、資訊交流、文化體驗和政治參與五項指標，去綜合評估全世界重要城市的國際化指數。

其中「商業活動」這項指標，除了以跨國公司總部、頂級服務機構的數量，還有當地金融股票市場價值，以及醫學、科學相關大型組織在該城市舉辦年會的次數來計算外，貨物運送至當地的碼頭港口或機場流量，也是重要的判斷因素之一。

因此，如果雙北也希望提升都市國際化指數，那麼與其說基隆需要台北市和新北市，毋寧說雙北更加需要基隆。因為擁有天然海港，基隆無疑是雙北能夠躋身與紐約、倫敦、香港、新加坡一樣的國際大城不可或缺的要素之一，如果能打破既有城市界線各自為政的思維，以整體的角度來規劃思考，發展國際貿易跟觀光，基隆港可以成為與世界接軌的重要窗口與管道，透過基隆港來達到提升雙北市以及整個台灣國際能見度的目標。

現在基隆港的發展和規劃極度保守，可能是因為基隆市的城市規模很小，缺乏足夠的話語權，所以無法跟中央部門主管機關做更對等的溝通與建議，如果是直轄市層級的地方政府，就可以更有效避免這樣的問題，就像身為直轄市，高雄市政府就有較多籌碼與能量來推動高雄港的發展。

如果北北基合併有譜，未來基隆也能具備等同直轄市的權限與資源，基隆市可以承擔基隆港更多的管理權責，透過既在地又國際的全觀視野去加以規劃發展的話，基隆港將發揮數倍、數十倍，甚至數百倍於現在的作用與功能。

基隆港不是基隆人說了算！

身為基隆人，在沒當過立委之前，我對基隆港充滿想像，無限期待！但直到當選立委，參與立法修法事務後，我才發現，原來基隆港不是基隆人說了算！

雖說基隆港就在自家門口，但以現階段國家行政部門的權責劃分，港口屬於中央政府管轄的範圍，基隆人根本沒有辦法主宰基隆港的發展與建設，整個基隆港的規劃都由中央決定，基隆市政府只能盡量爭取與溝通，但最後的決定權還是在中央手上。因此，無論基隆人對基隆港的發展運用有再好再棒的規劃或設計，都只能建議或提醒中央，至於基隆港該停貨櫃或是停軍艦，並不是基隆市長可以管的，甚至就連基隆港所有的關稅收入，也全部收歸中央，做為政府的財政資源，屬於縣轄市級的基隆市府，根本無法直接從基隆港課徵的關稅中，拿到任何補助。

許多基隆人對基隆的緩慢發展早就感到不耐煩，基隆人對於基隆港的運用與規劃，說了這麼多年，卻總是停留在只聞樓梯響的階段，所以很多市民早已麻痺無感，覺得再怎麼討論也沒有用。

事實上，基隆市的城市法律位階如果無法提升，光靠目前基隆市政府的力量，的確無法使上什麼力，如果不能跳脫一個縣轄市的格局與眼光，改以更長遠、更前瞻、更國際化的角度思考基隆港的角色與作用，無法將港口內部跟在地城市合為一體，而是像現在一樣，總是缺乏總體思考，只能零散破碎的決定哪一個碼頭要借給哪一個單位，那麼基隆港就只能繼續錯失成為國際級大都會港口的機會，枉費上天給基隆和台灣這麼好的優勢與條件。

如果說基隆港只是基隆的珍寶，那無疑是小看了基隆港的潛力與絕佳優勢。一個好的海港，不單單可以成為國家重要的門戶，其所能承載發揮的功能，絕對不是運送物品或停靠船舶那麼單薄，何況台灣地處東亞島弧中央，是東北亞與東南亞的航道樞紐，占有亞太地區海運及空運交通要道的優越地理位置，更別說台灣身在太平洋邊緣，位居西太平洋第一島鏈的

©shutterstock

基隆港具有絕佳的潛力與優勢，必須跳脫縣轄市的格局與眼光，才能成為國際級大都會港口，吸引全球的目光。

戰略位置，站在這麼關鍵的焦點上，全世界都無法忽視台灣的存在。不謙虛的說，如果台灣是一塊蛋糕，那麼基隆港可以是蛋糕上的草莓，具有吸引全世界把目光投射到台灣身上的魅力。

發揮在地特色，基隆足以吸引全世界的目光

從過去到現在，中央政府對基隆港的規劃與建設，可以很明顯的看出中央對基隆的了解與認識，並不足以讓基隆港發揮應有的價值，事實上，我認為現在的基隆港或許只展現了不到一成的能力，看在基隆市民的眼裡，除了無奈，更多的心情或許是深感可惜。

這些年來基隆港的沒落顯而易見，但要如何再次找回基隆港曾有的榮光、基隆港要在世界海港中扮演什麼樣的角色、發展什麼樣的競爭力、爭取到什麼樣的排名……，都不是基隆市長可以主導規劃的，也因此，我只能從一個港都市民的角度，來思考基隆人心中基隆港應有的模樣，如果有

一天我真的成為基隆市長，那麼我要讓基隆市民跟基隆港創造什麼樣的互動關係呢？

就我對基隆的理解，對照串連我曾經親身遊歷或參訪的國外知名景點，我真的認為基隆有很多進步的條件和高度發展潛力，只要好好運用，絕對可以創造出絲毫不遜於外國一流城市的景觀和亮點，光是稍做發想，信手拈來，就充滿許多可能性。

我還記得自己當年一直想著要在基隆東岸廣場上蓋一個兒童樂園，然後在樂園中打造一座規模巨大、足以擔當「基隆之眼」的摩天輪，只可惜至今未能落實；七堵舊火車站的鐵道紀念公園，不妨邀請深受兒童歡迎的「湯瑪士小火車」進駐，當年我還在華聯國際服務的時候，跟製作「湯瑪士小火車」的公司談了很久的合作計畫，我有信心如果去洽談引進湯瑪士小火車遊樂場，獲得對方首肯的機率很高。而基隆傳統崁仔頂漁市，如果能好好整理建設，就有機會變成一個堪比日本東京築地市場那樣又乾淨、又生猛的漁市場。

除了前述概念式的構思，對於基隆文化中心和潮境公園，我則有著更為具體明確的想法。

基隆人的基隆港，應該要讓市民有感

位於基隆港旁的基隆文化中心及其旁邊的港務局空地，處在基隆市交通便利的位置，地點絕佳，卻一直沒能充分發揮應有的功能，雖然不時舉辦藝術展覽，卻有些曲高和寡，鮮少有人駐足，更別說會進去看展。雖然基隆人都知道文化中心，也經常路過，但這棟外觀老舊的白色建築，卻總是給人一種生人勿近的距離感，中心旁邊偌大的廣場，除了每逢農曆年前舉辦年貨大街，才稍稍有些人氣外，平日少有活動，感覺上文化中心好像只是一棟位在鬧區的冰冷老建築，讓人很沒有參與感。

地點這麼好的公共大樓，市民的擁有感卻一直很低，實在是既可惜，又浪費。其實文化中心是欣賞基隆港的絕佳地點，因為地點周遭並無太多高樓，文化中心可說是附近的制高點，上到中心的頂樓，視野遼闊，白天可目睹大船入港，不時還有老鷹盤旋低飛，傍晚時分還能欣賞海灣的落日餘暉。文化中心旁邊有一大塊港務局的土地，如果可以跟文化中心大樓整合規劃，可以開發創造成一個絕美的港灣景觀園區，未來這裡就不再只是一個有著傳統文化展演館的陳舊大樓，而是透過活化與整合，保留部分空間做藝術展演，然後可以解構其他的空間，區塊性發展成為一個可親、有活力，並且吸引人想駐足停留看海賞船的美麗景點。我相信只要好好規劃，文化中心絕對可以發展成基隆市一個極具代表性的地標。

試想，如果善用這麼棒的港灣景觀，來打造一個全基隆氣氛最浪漫的景點，成為情侶約會戀愛甚至互許終生的首選地點，文化中心的優雅底蘊結合美麗碼頭海景港灣，在夕陽餘暉或流光夜景的幫襯下，讓情人間的美滿與甜蜜閃耀整個基隆港，逢年過節，還可以施放煙火，舉辦花火大會，或是推出各種應景的主題活動，帶動整體周邊的觀光與商業活動，引進世界知名的藝術展覽或表演，成為來到基隆必要踩點打卡的行程，光是想像就令人充滿幸福感。

至於基隆八斗子的潮境公園，有海又有景，春夏時分退潮時的海蝕平台，更有豐富多樣的自然生態，加上諸多大型意象雕塑，絕對有潛力化身成如同美國加州知名旅遊景點「聖塔莫尼卡海灘（Santa Monica Beach）」一樣的觀光勝地。

潮境公園既有無敵的迷人海景、豐富獨特的自然生態，以及渾然天成的人文藝術氣息，若能再引進一流的軟硬體概念與設施，打造國際級的主題樂園，潮境公園極有發展成一個適合全家大小同行出遊的世界級海景主題樂園園區。

除此之外，基隆市西邊的山上，有一些零星土地，如果能夠加以整合，其實可以規劃成高級住宅區，鼓勵建商推出景觀高樓住宅，營造如同香港淺水灣的豪宅質感。

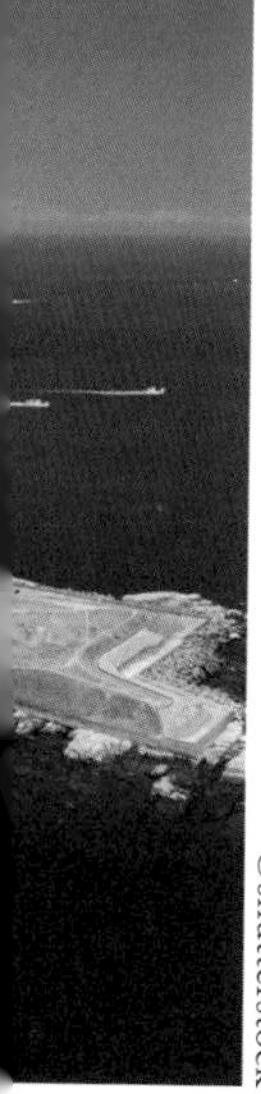

©shutterstock

潮境公園具有豐富獨特的自然生態和迷人海景，充滿人文藝術氣息，可以開發成為世界級海景主題樂園園區。

規劃田寮河岸公共空間，打造基隆自己的文創園區

流經基隆廟口夜市、基隆東岸廣場與基隆文化中心等基隆交通最繁華、最熱鬧的精華地段的田寮河，是台灣第一條人工運河，早年基隆為了爭取更多的使用空間，田寮河道被加蓋改建成停車場，這些年陸陸續續將河道還原整治後，每逢元宵節，就會沿著田寮河沿岸舉辦燈會，但平常河道兩旁的公共空間，並沒有太多規劃運用。其實田寮河道交通方便，只要稍加運用，可以讓這個得來不易的精華空間，發揮更大的價值。國外有不少沿著河岸發展，創造更多可能性的具體實例。

一直以來，基隆都沒有一個可以讓青少年、次文化等各種街頭藝術型態得以集結交流、互相激盪的公共空間，田寮河道或許就是這個角色的最佳擔當。

想像在假日期間，如果讓田寮河沿岸變身成為各種創新、顛覆藝術可以自由揮灑的公共場域，邀請藝術家進駐，舉辦各種特展、常設展，打造

一個街頭藝術、刺青塗鴉，或是攀岩、跑酷（Parkour）、滑板等極限運動得以百花齊放的次文化聚落，讓年輕奔放，創意爆棚，或需要許多活動空間的青少年、年輕人，可以在這裡創作、表現、交流。藝術文化不必遠求，基隆市民也可以有像台北華山藝文特區一樣的創作園區，假日可以辦市集，讓各種文創商品在這裡設攤展示，如此一來，基隆人的生活可以因此更豐富、充滿藝術人文與創新氣息。

其他還有很多我想推動的建設，像是大量社區化「小愛公益樂園」跟中型室內健身房，希望至少能在不同社區，建造十到十五個類似概念的園地或健身中心，把這些設施社區化，變成社區的一部分。目標是遍地開花，深入市民生活，想遛小孩或想去運動，住家附近就有合適地點，說去就去，既不需要多大規模，也不需要多麼豪華，反而是希望依照社區風格，蓋出不同特色的設施，讓小孩可以就近去玩，而大人也可以不受氣候限制，想運動就可以來運動，把運動健身變得更容易，成為日常生活的一部分。

©shutterstock

基隆市民需要一個像是台北華山藝文特區一樣的園區，讓青少年、次文化等各種街頭藝術型態得以集結交流、互相激盪的公共空間。

每個孩子都有不同的天賦與能力，應該針對特性因材施教，提供一個能讓年輕人揮灑的空間和環境。

11 為下一代找答案

基隆依山傍海，多水多山，多數區域為丘陵地，是台灣最北端的城市，雖然很接近首善之都，也在雙北一日生活圈範圍內，但幾十年來，基隆城卻由繁華走向沒落，直到這幾年才慢慢找回自己的城市定位，市民認同基隆的程度也有所提升。我感謝林右昌市長對基隆所做的努力和貢獻，但是相較於許多台灣的其他縣市，基隆這些年來的進步仍是緩慢的。

小愛的未來，要靠基隆的現在

我在基隆出生，從小到大，除了出國讀書、工作那幾年，我的生活主場景一直都在基隆，結婚生子之後，一家人也在基隆生活。即使我天天出外工作打拚，台北基隆兩頭跑是家常便飯，但只有基隆才是我的家，是我最掛念的地方。

身為資深的基隆市民，我不時會思考像基隆這樣一個獨特又有無限潛力的城市，如何才能有更好的發展與未來？隨著時間的挪移，基隆又該如何前進？可以往哪裡去？基隆有著什麼樣的獨一無二的優勢與特質？又有著什麼樣無可避免的劣勢或不足……？我相信這是每一個基隆人都想問的問題，至於答案，我也還在摸索中。

基隆也是女兒小愛生活、上學、成長的所在，和我一樣，基隆也是小愛的故鄉。身為父親，我一心想給小愛一個更好的未來，但究竟什麼才是「更好的未來」，在陪伴小愛長大的過程中，有些答案已經浮現，但也有些答案還需要時間的淬鍊，唯一確定的是，小愛的未來，將奠基於這個城市的現在！

有人問我，我心目中理想的基隆，應該是一個什麼樣的城市藍圖？美麗的市容、便利的交通、多元的文化、國際化的發展……。是的，這些都是我身為基隆市民，希望基隆能夠發展前進的方向，但在這些目標之外，現階段我認為最根本的一件事，是基隆應該要成為一個能夠讓市民安身立命、成家立業，不需遠行他求，就足以支撐市民在地好好生活，謀生就業的城市。

「生活」在基隆

不同的城市，有其不同的歷史、文化、風情、特質、屬性……等各種條件，一個市長如何才不辜負選民的託付，將有限的各項資源，做最好的分配運用，打造規劃這個城市在當下、未來數年，甚至更久更久以後的樣貌與發展，對一個城市的發展，有著關鍵性影響。

一直以來，基隆市都只被視為一個有港口的小山城，缺乏前瞻性的視野與永續發展的思維，因為缺乏足夠的資源挹注，使得基隆市民為了生活只能不斷的離開這裡，然後又不斷再回到這個有山有海的小城。

相較於基隆人，台北人有很多令基隆人豔羨的優勢和條件，最明顯的例子，就是絕大多數的台北人，可以不必像許多基隆人一樣，每天上班、上課都要在縣市之間移動。有很大比例的基隆人，每天都要花幾小時在通勤上，早上出門到台北市或新北市工作、讀書，辛苦了一整天，好不容易下班、下課後，還要舟車勞頓、風塵僕僕的再趕回基隆，才能放鬆休息。基隆人當然也想像台北人一樣，在住家附近就業或就學。只是這個許多對台北人來說理所當然、天經地義的事，對基隆人卻是遙遙無期的夢想。

追根究柢，基隆最核心的問題還是就業困難、工作機會不足。根據統計，基隆市約有四成五的人必須通勤到台北就業或求學，是全台灣跨縣市通勤比例最高的縣市。居民每天花這麼多時間移動，不但浪費時間，大量的廢氣排放，也帶來汙染，造成生活品質下滑。如果真的要讓基隆改頭換面，那麼當務之急，就是要創造在地就業機會，降低市民跨縣市通勤的交通需求，讓居民可以真正「生活」在基隆，這個城市才會真正有活力、有未來，市民才能在這裡安居樂業，落地生根，成為名副其實的基隆子弟。

打造「基隆科學園區」，創造在地就業機會

台北內湖科學園區的空間使用早已飽和，但至今仍有許多廠商排隊等著進駐。寸土寸金的台北市，地狹人稠，如今早就沒有什麼合適的地點還有閒置的空間，可以用來消化內科容納不下的諸多企業與廠商。

距離內科最短距離只有十五公里的基隆，有土地、有空間、有地理上的優勢，具備發展「第二個內湖科學園區」的關鍵條件，加上北台灣幾個科學園區，從內湖、南港、汐止一直到基隆五堵，都恰好位在同一條路線上，如果能將五堵工業區打造成「基隆科學園區」，未來從內科開車到基隆科學園區，最快只要二十分鐘車程就可抵達。

但是要打造基隆科學園區，並不只是滿足幾個條件就足夠，必須要有整體的規劃與配套。

多年來，基隆一直缺乏創造一個城市產值的經濟主軸，早期因為有港口、有商船，基隆成為貨櫃、物流、國際貿易、進出口業等產業的發展重鎮，只是隨著產業重心移轉，基隆港無可避免的日漸沒落，導致基隆市的經濟發展主軸也跟著遺失。

現在多數人一想到基隆，浮現的第一個念頭，不是逛夜市，就是吃小吃，小型服務業在基隆的經濟藍圖中，似乎成為大家的第一印象。問題在於小型服務業的產業規模及商業型態並不足以撐起一個城市的經濟命脈，再加上多年來基隆缺乏城市整體規劃與開發計畫，使得基隆的經濟活力不斷衰退，空有許多資源被閒置、錯用，未能得到理想的發揮。

位於基隆市跟汐止中間的五堵工業區，擁有約七十頃的產業用地，五堵還是汐止到基隆的交通要道，未來無論是輕軌或捷運，五堵都會是其中一站。可惜多年來五堵都未能得到應有的關注，既沒有全盤規劃，加上缺乏發展動力，使得許多土地都被用來做為貨櫃停靠區。取得土地的各家企業，也只是拿來做為倉儲空間，並沒有太多開發運用的想法。

在北台灣土地愈來愈稀缺的今日，白白的浪費了這麼得天獨厚的優勢，錯過城市發展與都市更新的良機，實在非常可惜。

如果能夠好好的發展與計畫，由政府與企業攜手，一起來推動五堵工業區的產業轉型，將五堵打造成基隆科學園區，從更宏觀的角度加以規劃整合，串連起內科、汐科與基隆科學園區，進而發展成北台灣的科技園區產業廊帶，除了讓台灣的科技產業再提升，也將為基隆市帶來一連串正向的連鎖效益。

基隆科學園區的誕生，最直接，或許也是最重要的好處，就是可以為基隆創造十萬在地就業機會。基隆人自此可以真正在故鄉成長、求學、就業、結婚生子，人生的不同階段，各種生存需求，都可以在這裡得到滿足，不必再為了讀書或工作，而被迫天天在雙北和基隆之間來回奔波。

除了基隆人受惠，未來雙北市民更可以逆向移居基隆，緩解台北市和新北市因為人口密集而產生的空間擁擠、物價高漲等問題。以美國加州蘋果園區（Apple Park）為例，園區創造足夠的工作機會，滿足各種生活機

©shutterstock

美國加州的蘋果園區可以創造足夠的工作機會，滿足各種生活機能，讓居民安居樂業。未來基隆科學園區也可以師法，讓基隆成為一個充滿活力的宜居城市。

能，居民在此可以安居樂業，成為一個自給自足的小社區。

未來基隆科學園區也可以類似的概念，由政府和民間企業合作，打造幾座結合商辦與生活需求的軟硬體設施，在這裡工作的人，就在這裡生活，如此一來，基隆將會是一個充滿活力的宜居城市，基隆人不必再嚮往成為台北人，反過來基隆市還可能成為其他縣市市民嚮往的城市，基隆人可以找回應有的自信與往日榮光。

一旦基隆有了足夠的就業機會，基隆人就可以不必再為了謀生就業，每天在城市與城市之間移動，那麼長久以來每逢上班尖峰時段的交通壅塞問題，也將因此有了明顯改善的契機。

再加上一旦基隆科學園區真的成立，市政府可以有更好的稅基，取得更多稅收，擁有更多建設城市所需要的資源。這些年來台北捷運一條接一條的蓋，但基隆至今仍然沒有捷運，這跟基隆市政府可運用的資源太少，有絕對的關係，未來如果能夠好好發展基隆科學園區，我相信基隆市的人口和稅收都會跟著提升，只要達到一定的人口數，基隆自然可以有機會蓋捷運。如此一來，基隆在尖峰時段，常因路窄車多而產生的交通壅塞問題，也可以獲得改善，基隆人長期被視為次等公民的不公平感，也將因此有所消滅。

推動「空間翻轉」創造「幸福基金」，再現都市活力

催生基隆科學園區能為基隆帶來的正面效益，將是一加一遠大於二的倍數化加乘效果，並且像是母雞帶小雞一樣，帶動一連串的連鎖效應。其中一個面向，便是老舊城市的活化，加速都市更新，讓老化的城市得以活力再現。

在五堵工業區設立基隆科學園區的計畫若真能落實，基隆市政府可以同時推動都市更新計畫，鼓勵民眾將符合都更條件的老房子，跟政府以交換容積的方式互換。

基隆市政府所提供的容積所在地，除了是未來捷運站所在地附近，基

隆科學園區周遭，想當然也具有一定的增值潛力，可以吸引民眾積極參與都更計畫，爭取換取基隆科學園區附近區域的容積。

未來基隆市政府將從都市永續發展的理念出發，鼓勵建設公司或民間企業參與。對於捷運等大眾運輸建設，從點線面整體規劃，周邊的土地開發，必須同步提出公共設施等相關配套，藉此一方面支持大眾運輸的營運，讓車站、捷運站周邊有所發展，另一方面又可以促進環保、永續、增加公益設施的發展。

希望透過大眾運輸系統，將人口引導到特定區域，建商或地主在向政府申請容積時，若希望能獲得更好的獎勵條件，就要在建設規劃中實現公共利益、永續都市的精神。以新北市為例，新北市政府要求建商開發土地時，必須保留公園、學校等公用設施用地，可以用來建造社會住宅，或提供空間給公益團體、長照中心、青年創業使用。

建商所提供的這些公用設施空間，將由政府妥善分配運用，例如提供鄰近捷運站的空間供公益團體使用。一直以來公益團體在資源有限的情況下，工作地點或辦公空間不是地處偏遠，就是環境不良，很多時候總是蝸居在邊邊角角的冷僻地點，如果透過重新整合都市計畫，日後公益團體也有機會將地點設置在乾淨、便利、交通方便的地方。

打造更好的未來，從落實「進步價值」開始

今日的標竿企業，不再只以獲利極大化，為唯一的企業目標，從企業社會責任（CSR）、環境社會與治理（ESG）、永續發展目標（SDGs），一直到社會投資報酬率（SROI）……，愈來愈多概念都在陳述與強調身為企業，有其對社會、國家，甚至全世界，必須承擔的角色與使命，也因此，環境保護、永續發展、供應鏈廠商等社會承諾……涉及不同利益關係人的各個面向，都是今日企業必須積極思考，勇於承擔的責任。

二〇二〇年七月，蘋果公司（Apple Inc.）公開承諾，為減緩氣候變

遷，二〇三〇年蘋果旗下所有供應鏈都要做到碳中和，相較於聯合國建議在二〇五〇年達到碳中和的目標，蘋果硬是提早了二十年，如果廠商做不到碳中和，就做不到蘋果公司的生意。事實上，除了蘋果公司，不同產業的領導品牌，包括Nike、Google、賓士……等全球知名企業，也陸續宣告要落實「碳中和」或「淨零排放」的企業目標。

面對淨零碳趨勢，新北市於二〇二〇年就簽署了「氣候緊急宣言」，並提出「二〇三〇氣候願景」，與中央攜手合作，結合產學各界、非營利組織以及民眾的力量，全力要達到二〇五〇年淨零碳的目標。既然淨零碳、碳中和，是人類永續生活的必要課題，是為了保護地球，那麼所有人都應該為此而付出努力，這就是我們在追求更好的未來時，不可忽略的「進步價值」，基隆市自然不該，也不會置身事外。

基隆人也有呼吸乾淨空氣的權利

當年由荷蘭藝術家霍夫曼（Florentijn Hofman）打造的巨型氣墊黃色小鴨，來到基隆港作客時，因為火力發電廠與船隻燃燒柴油的落塵嚴重，搞到黃色小鴨沒幾天就變得髒兮兮，甚至還要出動專人負責幫黃色小鴨洗澡，這個新聞，相信許多人至今仍記憶猶新。而這就是基隆人每天與之呼吸吐納的空氣。

多年以來，基隆人為了台灣的經濟發展，承擔了許多汙染的代價，基隆的空氣一直都不好，這幾年更因為大型郵輪停靠在基隆港，排放的大量廢氣，讓空氣品質變得更差，基隆人並沒有因為基隆港而獲得任何關稅收入，反而連呼吸乾淨空氣的權利都被剝奪。

二〇〇八年我在立委任內，強力阻擋深澳發電廠擴建計畫中將卸煤碼頭蓋在基隆港的規劃，為的就是爭取基隆人呼吸乾淨空氣的權益，當年好不容易擋住了卸煤碼頭，卻沒想到十幾年後，當基隆人因為位在基隆的協和火力發電廠終於確定停止燃煤，要更新改建為天然氣機組而感到欣慰時，居然發現協和電廠為了接收天然氣，竟然打算在基隆外木山海域填海造陸，打造堪比四百多個籃球場，面積高達十八·六公頃的兩個巨型儲氣槽。

一旦基隆外海真的填海造陸，再蓋出兩個巨型儲氣槽，不但基隆市區原有的周邊景觀將從此改變，鄰近海域的生態環境也將遭受嚴重破壞，更可怕的是萬一儲氣槽不慎失事爆炸，災害專家估算其威力，將會是數倍到數十倍於二〇一五年天津危險物品倉庫大爆炸的影響。

這麼多年過去了，基隆人依然繼續承受惡劣的空氣品質，如果現在還要承擔流離失所、無家可歸的風險，這對基隆人實在是太不公平，也太不合理，更對不起我們的下一代，我們的子子孫孫。因此在未能獲得所有基隆人認可前，我們是不會同意協和電廠將儲氣槽蓋在基隆外海的。

協和電廠為了接收天然氣，想在基隆外木山海域填海造陸，此舉勢將嚴重破壞鄰近海域的生態環境，萬一儲氣槽不慎失事爆炸，對基隆市民的危害難以估計。因此，我將持續監督相關單位，守護基隆人的身家安全。

淨化空氣，除了移除固定汙染源，也要減少移動汙染源

除了火力電廠除役、抵擋卸煤碼頭進駐，以及禁止填海造陸，建造儲氣槽等固定汙染源的移除與禁絕外，空氣汙染的另一個主要成因，就是各式各樣公車、汽車、機車等移動汙染源所排放的廢氣。

基隆由於地狹人稠，通勤需求又高，所以基隆市民開車的人很多，為的就是便於在城市與城市之間移動。如此自然產生大量的碳足跡排放，因此要改善基隆的空氣品質，就必須想辦法降低使用交通工具所製造的碳足跡。

除了積極催生基隆科學園區的成立，創造在地就業機會，減少長程移動頻率，讓民眾減少自行開車的需求，進而提升使用大眾運輸系統外，一個相對單純且效益直接的策略，就是盡可能將大眾運輸工具更新成電動車或油電混合車。

除了改善大型公共交通工具排碳的問題，市民自家汽機車的排碳問題

也應該同步處理。目前包括環保署、經濟部以及各縣市政府，都有針對使用率最高的機車汰換或新購，選擇電動車的補助方案，未來我們也希望能措籌財源，優先補貼電動機車，鼓勵購買碳排放較小的電動機車，取代傳統的燃油機車，目標是將電動機車的價格盡可能拉到與傳統燃油機車的價格相當，如此一來，選擇電動機車的意願自然可以大幅提升。

我們的目標就是要打造一個零排碳的城市，一旦基隆市的大、中、小型交通工具都做到電動化，減少地球負擔，達到永續發展的淨零碳的城市願景，才有實現的一天。

12 我知道，基隆是一個「愛與幸福的城市」

一直以來，無論物換星移，時局好壞，基隆這個台灣最北的小山城，從來就是最願意接納辛苦人的地方，這裡的人總是願意在並不優渥的生存條件中，不斷付出，持續努力，雖然緩慢安靜，但從不停下腳步。

當年因為想看看自己還有什麼樣的可能性，想趁著年輕走出舒適圈，在不同的領域中發揮自己的潛能，所以我在二〇一六年年初選擇離開那個有許多人眷戀不已的位置，瀟灑的離開政界。

一半是幸運，一半是努力，我在離開政壇投身商場後，做出了一些成績。當時我天真的以為人生可以一路順風下去，根本沒想過老天爺給了我這麼多，其實是要我把自己所擁有的能力好好用來支持他人、貢獻世界，直到我的人生風景因為女兒而徹底打開，也因此看到從來沒想過的世間樣態，才發現自己原來很多事情都想錯了。

基隆是我的故鄉，也是小愛的故鄉，我真心希望能為小愛創造更好的未來，為下一代解決一代一代所造成的問題。在受洗成為基督徒，成為神的僕人之後，我相信神會帶領我，為我做最好的安排，所以這次選舉，我不斷的告訴自己，凡事只要盡力而為，最後的結果就交給神去決定。但或許是基隆的未來與發展，真的是我非常關心、極為在意的事情，我實在沒辦法不為所動。身為基隆市民，我們實在等得太久，我深深覺得基隆不能再這樣耗下去了！

基隆人要的只是一個安身立命的地方

其實基隆人要的並不多，我們只是想要一個安身立命，可以讓世世代代基隆人，真正在這裡生活的地方。

我們想要在故鄉工作，不必日日出走，而基隆科學園區可以是一個開始；我們想要呼吸乾淨空氣，因此拒絕卸煤碼頭進駐基隆港，並且願意為了地球、為了永續，而努力推廣淨零碳排。

基隆應該繼續美麗！為了市容、為了海洋、為了市民的生命財產安全、為了我們的下一代，我們一定要盡最大的努力，奮力抵擋協和電廠將巨型儲氣槽蓋在基隆外海。

基隆人主導不了基隆港，但基隆市民至少可以更貼近自己家鄉的土地與港灣，我們想更親近自己的故鄉，想在夏天帶孩子一起玩水、在假日跟家人朋友約著去看大船入港、天氣好的傍晚行經文化中心時，也許牽著情人的手，停下來欣賞落日餘暉，或是找一個特別的日子，登高欣賞基隆市的流光夜景；我們要讓在地年輕人的創意巧思與無窮精力，可以有出口、有舞台、有夥伴一起激盪！我們只是想要在自己的家鄉好好生活，感受既平常又不平常的每一天。

更重要的是，我們一直知道，基隆市是一個「愛與幸福的城市」，生

為了讓下一代的創意巧思與無窮精力，可以找到發光的舞台，和夥伴一起熱情激盪，就必須為下一代解決累積已久的問題，讓世世代代基隆人可以在這裡安身立命。

活在其中的每個人，在需要幫助的時刻，永遠都會有人伸出援手，等著給出愛與幸福！

牢記參選初心，神會做最好的安排

這次從決定參選，到實際開始投入選舉，我做了很多很多的準備。我是如此希望有機會為基隆這個城市以及基隆市民做些什麼，想要好好貢獻我自己，再加上我實在不放心把我深愛的故鄉，交給現在已經浮上檯面的競爭者，這使得我的心情很難保持平靜，不時就會受外界影響，而跟著高高低低。

從去年開始，全世界陷入COVID-19所造成的疫情困境中，也讓我更加憂心基隆與台灣的未來。即便我一直提醒自己，千萬不要得失心太重，但我的心情還是時常跟著上上下下，這讓我覺得很懊惱，實在不是我所樂見的狀態。

有一次，當我把自己的焦慮心情跟我的牧師松慕強先生分享時，松牧師跟我提到聖經中亞伯拉罕和以撒父子獻祭的故事，那是有關「信心」的篇章。

以撒是亞伯拉罕在百歲高齡時，好不容易求神賜予才生下的獨生子。沒想到有一天，神向亞伯拉罕提出要求，要亞伯拉罕將愛子以撒當做祭品獻給祂。亞伯拉罕雖然萬般不捨，但他對神的信心無可動搖，因為亞伯拉罕堅信神會做最好的安排，所以決心獻出心愛的獨子。就在亞伯拉罕正要動手殺掉以撒獻給神的時候，神在最後一刻出現，阻止了亞伯拉罕。

神告訴亞伯拉罕，祂已經看到亞伯拉罕所抱持的絕對信心與順服了，只要知道亞伯拉罕對信仰的堅定，那就夠了。

松牧師講的這個聖經故事，就像是給我一記當頭棒喝，松牧師還提醒我靜下心來想一想，我到底是為了自己，還是為了別人，才會選擇參與這場選舉。如果我是為了公義參選，是想要做出有意義的貢獻，是為了能夠榮耀神，那麼對於勝負，就不應該那麼在意。

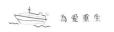

亞伯拉罕和以撒獻祭的故事，以及松牧師問我的問題，帶給我很大的信心和安定，每當我又因為外在環境變化而忐忑不安時，只要想到聖經的這個篇章，就能夠很快的提醒自己——回到初衷，記得自己決定參選時的起心動念，告訴自己要效法亞伯拉罕的精神，全然的順服神，相信神會為我做最好的安排。

就帶著決定參選的初心，帶著對基隆的心疼，以及對神的信心，我願意好好的把自己的能力貢獻給這座城市，以及這裡的人，至於要以什麼樣的身分或透過什麼方式，我相信一切都會有最好的安排。

我真心希望能為小愛創造更好的未來。讓更多基隆人可以親近自己的故鄉，在夏天帶孩子一起玩水、在假日跟家人朋友相約去看大船入港，感受既平常又不平常的每一天。

社會人文BGB520

為愛重生

作者 —— 謝國樑（小愛爸爸）
文字整理協力 —— 廖慧君

總編輯 —— 吳佩穎
副主編暨責任編輯 —— 陳珮真
校對 —— 魏秋綢
封面設計 —— 黃威凱
內頁排版 —— 簡單瑛設
全書圖片 —— 除個別標示，p.126頁為shutterstock提供
其餘皆為謝國樑提供

國家圖書館出版品預行編目（CIP）資料

為愛重生 / 謝國樑（小愛爸爸）作 . -- 第一版 .
-- 臺北市 : 遠見天下文化出版股份有限公司 ,
2021.11

面； 公分 . --（社會人文 ; BGB520)

ISBN 978-986-525-371-4（平裝）

1. 謝國樑 2. 臺灣傳記

783.3886 110018246

出版者 —— 遠見天下文化出版股份有限公司
創辦人 —— 高希均、王力行
遠見・天下文化 事業群董事長 —— 高希均
事業群發行人／CEO —— 王力行
天下文化社長 —— 林天來
天下文化總經理 —— 林芳燕
國際事務開發部兼版權中心總監 —— 潘欣
法律顧問 —— 理律法律事務所陳長文律師
著作權顧問 —— 魏啟翔律師
地址 — 台北市104松江路93巷1號

讀者服務專線 —— 02-2662-0012｜傳真 —— 02-2662-0007；02-2662-0009
電子郵件信箱 —— cwpc@cwgv.com.tw
直接郵撥帳號 —— 1326703-6 遠見天下文化出版股份有限公司

印刷廠 —— 中原造像股份有限公司
裝訂廠 —— 中原造像股份有限公司
登記證 —— 局版台業字第2517號
總經銷 —— 大和書報圖書股份有限公司｜電話 — 02-8990-2588
出版日期 —— 2021年11月25日第一版第1次印行

定價 —— NT450元
ISBN —— 978-986-525-371-4 EISBN — 9789865253929（EPUB）；9789865253912（PDF）
書號 —— BGB520
天下文化官網 —— bookzone.cwgv.com.tw

天下文化

BELIEVE IN READING